KB252551

얼짱 프로 한설희의 쉽게 배우는 골프

얼짱 프로 한설희의 쉽게 배우는 골프

# 얼짱 프로 한설희의
# 쉽게 배우는 골프

**한설희의 골프 에세이 그리고 스킬**

한설희 지음

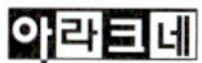

차갑다, 도도하다, 어렵다…….

많은 분들이 나의 첫인상을 이렇게 이야기한다. 나는 투어로 크게 성공한 선수가 아니기 때문에 나에 대해 잘 모르는 사람들은 오해하는 경우가 많다. 방송을 통해 비춰지는 모습이나 겉모습에서 풍기는 느낌만으로 말이다.

골프 역시 처지가 비슷하다. 사람들은 짧은 지식과 단편적인 경험만으로 골프에 대해 판단하기 일쑤다. 비거리가 줄어들면 '앞바람이 너무 많이 불어서', 퍼팅에 실패하면 '캐디가 라인을 잘못 봐서' 등등 18홀 라운드를 돌면서 나오는 무수한 핑계들이 바로 제대로 알지 못해서 생겨나는 오해 때문인 것이다.

현재 TV에 나오는 한설희의 모습이 있기까지 나는 여러 모양의 삶을 살았다. 프로를 꿈꾸던 꿈나무, 프로 골퍼로서의 치열했던 삶 등등. 골프 역시 굿샷과 미스샷이라는 결과가 만들어지기까지는 분명한 과정과 원인이 있다. 단지 우리는 그동안 과정보다는 결과만을 눈여겨봤기 때문에 잘 몰랐던 것뿐이다.

때문에 나는 '과정'을 들려 주고자 이 책을 만들게 되었다. 보다 쉽게, 보다 친절하게 '한설희'와 '골프'를 소개하고자 하는 마음으로 한 줄 한 줄 이야기를 써내려갔다.

춘천의 한 여자 아이가 어떻게 성장을 했으며, 어떤 과정을 통해 골프를 접하고 또 어떤 노력으로 지금의 '한설희'가 되었는지를 에세이로 녹여 냈다. 어린 시절부터 연습하며 터득한 나만의 노하우는 물론 그동안 수많은 프로와 아마추어 들을 만나며 하나하나 완성시킨 레슨 내용과 자가 진단법, 연습 방법 등을 이 책 안에 고스란히 담았다. 또 필드에서 벌어질 수 있는 많은 상황들을 글이 아닌 사진 위주로 담았다. 앞서 말한 대로 내용을 '보다 쉽게, 보다 친절하게' 전달하도록 한 것이다.

이 책을 통해 많은 골퍼들이 품었던 한설희에 대한 오해(?)와 골프에 대한 궁금증이 조금이나마 풀리기를 바라는 마음이다. 그리고 후에는 우리가 더욱 반가운 모습으로 인사를 나누고, 또 필드에서 보다 만족스러운 플레이를 하기 바란다.


## Special Thanks to

인생의 멘토이며 든든한 울타리가 되어 주는 사랑하는 부모님, 오빠와 새언니, 그리고 조카 현수와 지수……. 언제나 나의 뜻을 존중해 주는 가족들이 있어 지금의 한설희가 될 수 있었습니다. 항상 고맙고 사랑합니다.

내 인생의 오작교! '꿈나무 육성 프로그램'을 만들어 골프와의 인연을 맺게 해주신 두산 그룹 박용곤 명예회장님, 춘천C.C.현 리데나C.C.의 박용민 전 사장님, 그리고 지금도 프로를 꿈꾸는 친구들에게 큰 희망을 품게 해주시는 두산 그룹 박용만 회장님. 모든 꿈나무들을 대표해서 진심으로 감사의 인사를 전합니다.

어린 시절, 우리를 레슨하기 위해 시간과 정성을 아낌없이 쏟으신 KPGA 곽

창환 프로님, KPGA 한연희 프로님. 더욱 자랑스러운 제자가 되기 위해 노력하겠습니다. 지켜봐 주세요.

제2의 인생을 살게 해준 J GOLF. 하나하나 꼼꼼하게 모니터링 해주시는 김동섭 대표님, 방송의 길을 가도록 이끌어 준 김범수 팀장님, 박희상 본부장님, 그리고 곁에서 항상 힘이 되어 주는 모든 J GOLF 식구들. 부족한 저를 한결같이 믿어 주셔서 감사합니다. 앞으로 더욱 열심히 할게요.

MBC 스포츠국의 허연회 국장님, 백창범 차장님, 그리고 한광섭 아나운서와 박경추 아나운서. 미디어 프로로서 보다 성숙해질 수 있도록 곁에서 늘 도움 주신 것 항상 고맙습니다.

제 인생에 첫 TV 광고라는 큰 기회를 주신 (주)볼빅의 문경안 회장님. 너무나 좋은 경험, 값진 선물 주셔서 감사드립니다.

제 몸에 맞는 클럽을 지원해 주시고 항상 마음으로 응원해 주시는 MFS 골프 전재홍 대표님. MFS 클럽 정말 좋아요.

언니처럼, 친구처럼, 엄마처럼 변함없이 지켜봐 주는 나의 친구들 민경, 수민, 지희, 민지, 그리고 효심 언니. 곁에 있는 것만으로도 큰 힘이 됩니다.

촬영하는 동안 내 옆에서 땀 닦아 주고 우산 들어 주며 고생한 수민아. 고마워.

책 촬영을 위해 태국 현지에서 땀과 열정으로 애써 주신 하태욱 부사장님. 덕분에 즐겁게 촬영하고 만족스러운 레슨을 담을 수 있었습니다.

아무것도 모르던 방송 '초짜'를 지금의 한설희로 만들어 주신 박상희 대표님을 비롯한 소속사 P&F 미디어, 위너스 식구들. 일일이 열거하지 못한 많은 PD들과 작가들, 매니지먼트 팀과 골프 사업팀 팀원들, 그리고 존경하는 고덕호 프로님, 김장우 프로님, 양찬국 프로님, 송경서 프로님, 최여진 프로님, 그

리고 예쁜 후배들 제인, 신나송, 장정희, 이송이, 김민주 프로. 모두모두 고맙
고 또 사랑합니다.

마지막으로 저와 같은 길을 걸어가는 모든 프로 골퍼 선후배들과 저에게 따
뜻한 응원과 격려를 보내 주시는 모든 분들께 진심으로 감사합니다.

앞으로 더 멋진 '한설희'의 모습으로 보답하겠습니다.

한설희

QR코드 동영상으로
확인하세요

# *contents*

# 03 쉽게 배우는 골프



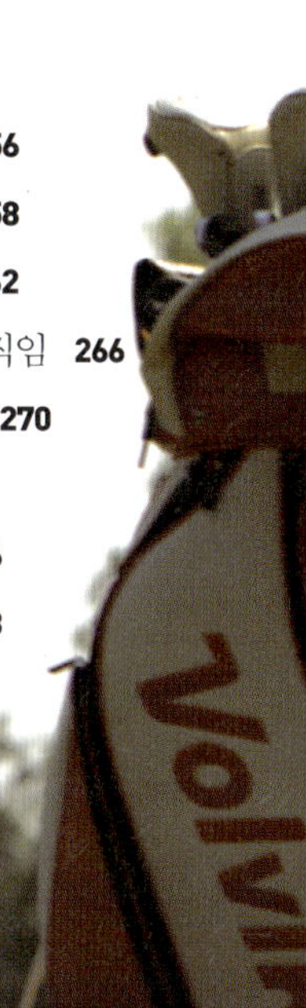

# 01

# 나는 프로다

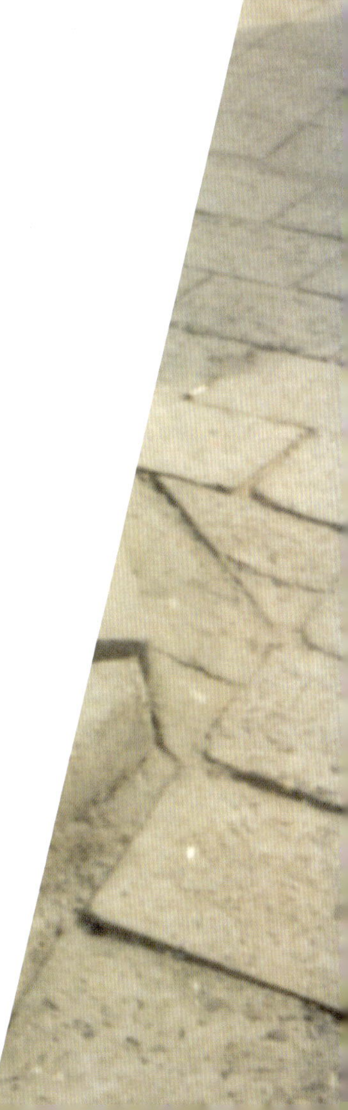

# 미스코리아에서 운동선수로



의사, 화가, 연예인, 경찰, 변호사, 판사, 선생님…….

누구에게나 있을 법한 어린 시절의 장래 희망이다.

나에게도 찬란한 미래를 꿈꾸던 어린 시절이 있었다. 하루에도 밥 먹듯이 바뀌는 그런 장래 희망 말이다. 그 중에서도 내가 유난히 눈독들이고 있던 장래 희망은 바로 '미스코리아'였다. 또래 친구들에 비해 키가 컸던 나를 보며 주위 어른들은 '나중에 커서 미스코리아 나가라'라는 말씀을 곧잘 하셨고 미스코리아가 우리나라에서 제일 예쁜 사람이라는 것을 알 만한 나이가 되자 그 말은 곧 나의 장래 희망이 되었다.

'그래…… 키가 크면 미스코리아가 될 수 있단 말이지?'

거울 앞에서 자아도취에 빠져 있기를 수차례, 그렇게 나에게는 확실한 꿈이 생긴 듯했다. 그런데……!

"와~ 너 키가 아주 크구나. 운동하면 잘 하겠다."

키가 커서 할 수 있는 것은 미스코리아뿐만이 아닌가 보다. 다른 건 몰라도 운동선수 역시 키가 크면 좋다는 사실을 깨달은 건 초등학교 4학년 때의 일이다. 운명인지 우연인지 마침 우리 학교에는 농구부가 있었고 농구 감독 선생님은 나를 볼 때마다 항상 농구하자는 말을 하셨다. 웬 농구? 운동엔 전혀 관심조차 없던 나다. 그런데 이상하기도 하지. 옆에서 자꾸 하라고 하면 마음에 없던 일도 왠지 해야 할 것만 같은 느낌, 아마 많은 사람들이 살면서 한 번쯤은 느껴 봤을 것이다. 학교 선생님의 확신에 찬 권유는 고작 초등학교 4학년이었던 내게 '농구는 내가 해야 하는 것'으로 인식되게 했다.

부모님은 완강히 반대하셨다.

우리 부모님 역시 공부가 제일 쉽다고 생각하셨던 걸까? 하지만 어린 마음에 나는 부모님을 간곡히 졸랐고 그런 어린 딸의 마음을 아셨는지 부모님은 마지못해 농구를 시작할 수 있도록 허락해 주셨다.

부모님을 조르고 졸라 겨우 시작한 농구, 그런데 농구가 원래 이런 거였나? 농구 코트를 뛰어 다니며 멋지게 3점 슛만 날리면 되는 것이 아니었나? 체력이 있어야 장시간 뛸 수 있기에 우리는 농구 코트보다 모래밭 운동장을 더 오랫동안 뛰어 다녔다. 그리고 매일같이 어이지는 패스 연습……. 이건 체력 훈련이 아닌 극기 훈련 수준이다. 시작할 때의 마음과는 달리 하루하루가 지옥처럼 느껴졌다. 그런 내 마음을 어떻게 아셨는지 부모님께서는 할 만큼 했으니 그만두고 싶으면 그만두어도 좋다고 하셨다. 만세!

나는 뒤돌아볼 것도 없이 그 길로 달려가 농구부를 그만두기로 했다.

하지만 그것은 끝이 아닌 시작이었다. 그저 재밌는 것, 예쁜 것 좋아하던 평범한 소녀가 땀 흘리며 움직이는 쾌감을 알아 버린 것이다.

나는 농구부를 그만두긴 했지만 그 후에도 운동하는 것을 매우 좋아했고, 심지어 중학교에 입학한 후에는 마음 맞는 친구들과 함께 아침 일찍 학교에 가서 농구 시합을 하곤 했다. 가끔씩은 2학년 선배들과의 불꽃 튀는 농구 시합도 펼쳐졌다. 그저 운동이 좋았다. 그런 내 모습을 누군가(?) 지켜보고 있다는 것을 꿈에도 모른 채 말이다.

어느 날, 집에 오신 아빠가 나를 부르셨다.

"설희, 너 골프 한번 해볼래?"

골프? 골프가 뭐더라?

당시만 하더라도 내 주변에서 골프를 하는 사람을 본 적도 없을뿐더러 우

리 부모님 역시 가끔 뉴스를 보며 '아~ 저런 운동도 있구나.'하는 정도였다. 그런데 내가 골프를?

당시 내가 다니던 남춘천여자중학교는 두산 그룹이 운영하던 춘천컨트리클럽현 리네니 C.C.과 연계해 골프 꿈나무 육성 프로그램을 진행하고 있었다. 테스트에 합격하면 모든 연습과 레슨을 무료로 받을 수 있는 것이다. 평소 운동장에서의 내 모습을 눈여겨보신 교장 선생님께서는 아빠를 통해 내게 골프를 권하셨다.

짧은 시간 동안 많은 생각이 머릿속에서 오갔다.

또다시 운동을 시작하라니, 그것도 이번엔 잘 알지도 못하는 골프다.

운동하는 건 좋은데…….

나는 언제부터 운동을 좋아하게 됐을까?

앞으로 내가 갈 길은 운동인가?

그럼 내 꿈은? 나의 장래 희망은? 미스코리아는?

문득 거울 속에 비친 내 모습이 궁금했다.

검게 그을린 얼굴, 짧게 자른 머리…… 누가 봐도 운동 잘하게 생겼다.

맙소사. 미스코리아는 이미 물 건너갔구나.

그렇게 나는 미스코리아에 대한 희망을 고이 접고 운동선수로 진로를 결정했다.

테스트는 2주간에 걸쳐 진행이 되었고 그 기간 동안 운동신경이 있는지, 골프에 대한 소질이 있는지 심사했다. 나는 함께 테스트를 받던 친구들보다 체격 조건이 훨씬 더 좋았음에도 불구하고 잘 뛰지도 못했고 유연성도 많이 부족했다. 오죽하면 당시 테스트를 담당했던 코치는 중학교 1학년인 내게 몸이 나무 같이 뻣뻣하다는 말을 했을까. 다른 아이들에 비해 많은 것이 불리한 조건이었는데 설상가상으로 테스트 기간에 오른손 인대가 늘어나는 사고가 발생했다. 오른손에 깁스를 한 채로 할 수 있는 건 아무것도 없었다. 코치는 운동선수로서 몸 관리를 못하면 끝이라는 냉정한 말로 안 그래도 쓰라린 마음을 더욱 아프게 헤집었다. 결국 이렇게 탈락이라는 생각에 나도 모르게 엉엉 울어 버렸던 것 같다.

다친 손으로 할 수 있는 것은 그저 멍하니 테스트 발표 날만 기다리는 것뿐. 드디어 테스트 발표 당일. 내 이름 한설희가 불려졌다. 이어지는 말은…… 〈통과〉. 그동안 애쓴 마음과 시간들이 갸륵해서일까? 아니면 진짜 골프 신神이 있어 내 기도를 들어 주신 걸까? 그렇게 나는 골프와 첫 인연을 맺었다.

만약 초등학교 4학년 때 부모님이 농구를 하지 못하도록 끝까지 반대하셨다면 어떻게 됐을까? 마침 골프 꿈나무 육성 프로그램이라는 것이 없었다면? 2주간의 테스트에서 그대로 떨어졌다면? 아마도 나는 골프와 관계없는 삶을 살았을지도 모른다. 어쩌면 미스코리아라는 허황된(?) 꿈을 계속 꿨을지도 모르겠다. 그 모든 것이 가능했기에 나는 골프가 더욱 나의 운명이라 생각한다. 우연과 우연이 만들어 낸 운명.

나의 진짜 인생은 골프와 만난 그때부터 그렇게 시작됐다.

# 체력은 국력? 실력!

## 골프는 멘탈 운동이라 했던가?

혹은 골프는 매너 게임이라고도 한다.

모두 틀린 말은 아니다. 다만 나는 골프를 수식하는 수많은 말 중에서 하나를 꼽으라면 단연코 이렇게 말할 수 있다. 골프는, 체력이 관건이다!

어떤 스포츠든, 아니 무슨 일을 하든지 체력이 뒷받침되어야 한다는 것은 기본 중의 기본이 되는 상식이다. 골프 역시 마찬가지. 후반 마지막 홀까지 지치지 않고 체력이 뒷받침될 때 우리는 그 중요하다는 '멘탈'도 조율할 수 있고, 골프의 정신이라는 '매너' 또한 지킬 수 있으며, 골프의 기본이라고 하는 스윙 역시 정확하게 구사할 수 있는 것이다.

하지만 우리는 이런 기본을 잘 알면서도 정작 실전에서는 간과하는 경우가 너무나 많다. 아마추어뿐만이 아니다. 누구보다도 관리를 철저히 해야 하는 프로 선수임에도 불구하고 기초 체력을 충분히 만들지 못해 후반전으로 갈수록 눈에 띄게 체력도 실력도 저하되는 것을 우리는 종종 볼 수 있다. 멘탈도, 매너도, 실력도, 체력이 끝까지 받쳐 준다는 전제하게 논할 수 있는 것이다. 하지만 지금 이렇게 이야기하고 있는 나도 이 사실을 받아들이기가 쉽지만은 않았다.

처음 골프를 시작했을 때 '도대체 골프는 무엇을 위한 운동인가?'라는 생각을 지울 수가 없었다. 당시만 해도 내가 알고 있는 골프는 타석에 서서 그저 공을 맞히는 것 때문에 별로 어려울 것 없는 운동이라고 생각했기 때문이다. 하지만 시작부터 나를 기다리고 있는 건 지금 아마추어들이 처음에 배운다는 그 흔한 똑딱이도 그립 잡기도 아닌 죽음의 체·력·훈·련!

당시 하루 일과는 이러했다. 학교 수업이 끝나고 골프장에 오면 골프복이 아닌 트레이닝복에 운동화 차림으로 갈아입는다. 당시 우리 중학교에서 골프를 시작한 학생은 1, 2, 3학년을 통틀어 나까지 총 7명. 우리는 먼저 연습장에서 충분히 스트레칭을 한다. 여기까지는 매우 순조롭다. 스트레칭이 끝나면 이제 코스로 나간다. 라운드를 하기 위함이 아닌 카트 도로를 따라 달리기를 하러 나가는 것이다. 휴장休場인 상태가 아니라 골퍼들의 라운드가 한창인 코스에서 달리기를 했기 때문에 진행은 그리 순조롭지 않았다. 무엇보다 우리는 골퍼들이 티샷을 할 때, 그린 위에서 퍼팅을 할 때 잠시 달리기를 멈춰야만 했다.

우리는 티샷 부근에서 잠시 숨을 돌린 후 다시 줄을 맞춰 뛰어가기 시작했다. 그때 옆에서 라운드를 하던 한 아저씨가 우리에게 물었다.

"너네 어디 소속 마라톤 선수들이야?"

"……"

당황한 것도 잠시, 우리는 골프 선수이고 지금 춘천컨트리클럽현 라데나 C.C.에서 연습하는 학생이라고 말씀드렸다. 지금 생각해 보면 우리가 당황한 것만큼 질문한 그 분도 꽤나 황당했지 싶다. 그도 그럴 것이 하나같이 짧은 커트 머리에 시커멓게 그을린 얼굴, 여자인지 남자인지도 애매모호한 학생들이 하루도 거르지 않고 뜀박질을 하고 있으니 말이다. 그것도 마라톤이 아닌 골프 선수 꿈나무라니…….

어쨌든 그렇게 9홀을 에둘러 뛰는데 3.5km 정도. 약 20분~25분을 달리고 나면 이제 오리걸음으로 주차장을 돌고 뜀뛰기 하기를 수차례. 여기에 팔굽혀펴기와 윗몸일으키기로 체력을 남김없이 쏟아붓고 나면 그제야 본격적인 골프 연습이 시작된다.

아, 생각만으로도 몸살이 날 것 같은 고단했던 그 시절.

하루에도 수십 번씩 "내가 지금 여기서 뭘 하는 거지?" "이걸 왜 해야 하는 거지?" 이러한 질문을 내 자신에게 되물었다. 하지만 그때는 몰랐다. 내가 얼마나 중요한 기초 쌓기를 하고 있었는지.

근육 기억muscle memory이라는 말이 있다.

말 그대로 '근육이 기억을 한다'는 것이다. 이 근육 기억이라는 것이 우리 몸에서 참 기특한 일을 하는데, 우리가 일정 기간 동안 운동을 쉬고 있어도 다시 시작했을 때는 근력과 근육의 크기를 이전만큼 빠르게 회복시킨다는 것이다. 근육은 탄탄하게 힘이 차올랐던 그 순간을 기억하고 있는 것이다.

멋모르고 따라했던 어렸을 때의 그 체력 훈련 덕분일까? 그 후로 오랜 시간이 흐른 지금도 기본 운동만 꾸준히 해주면 웬만한 또래의 프로들보다도 쉽게 지치지 않는 에너지를 가지고 있다. 새벽부터 밤늦게까지 이어지는 스케줄을 소화하고도 회식 자리에서 제일 마지막까지 정신을 차리고 있는 사람도 바로 나다.

나는 골프를 배우는 어린 후배들을 볼 때면 하루라도 어렸을 때 체력 훈련을 시작하라고 이야기한다. 그들이 나이를 먹어 30대가 되고 40대가 되어도 그 근육은 여전히 젊은 날의 탄력을 기억하고 돌이키려 애쓰기 때문이다.

지금 이 순간에도 늘지 않는 비거리에 머리 싸매고 있는가?
라운드 18홀이 여전히 부담스러운가?
그렇다면 먼저 골프 연습장이 아닌 헬스장으로 달려가라.
체력은 국력이 아닌 실력이다!

# 즐기지 않는 자, 모두 유죄

어떤 사람의 인간성을 알려면 골프를 함께 쳐보라고 한다. 여러 번 술을 함께 먹어도 파악하기 힘든 인간성이 골프 라운드 한 번이면 바로 나타난다는 것이다.

중학교 때부터 골프를 시작했던 나는 일찍부터 본의 아니게(?) 나의 인간성을 공공연히 드러낼 수밖에 없었다. 라운드를 좋아하고 연습하기도 무척 즐겨했던 내게 있어 큰 문제는 다름 아닌 스코어가 좋을 때와 나쁠 때의 감정 기복이 너무나 크다는 점이었다. 라운드를 하다가 공이 안 맞으면 화를 참지 못하고, 클럽으로 바닥을 찍고, 심지어 클럽을 집어 던지기까지……. 누군가는 좋게 말해 주기도 했다. 사춘기 때는 누구나 감정 컨트롤에 서투르다, 골프에 대한 욕심이 그만큼 많아서다라고 위로해 주었지만 당시 내 모습은 그저 '골퍼들이 함께 라운드하기 싫은 골퍼, 1위'였다.

이런 無개념 태도들은 아마도 '자격지심' 혹은 '열등감'으로부터 시작된 것 같다. 누가 시킨 것도 아닌데 타인과 내 자신을 스스로 비교하는 마음이 생긴 것이다.

　나는 함께 연습하는 같은 학년 친구들보다 키가 10cm는 더 컸고 체격도 좋았다. 하지만 겉으로 보이는 모습과는 달리 많은 부분에서 나는 그 친구들보다 뒤처졌다. 체력 훈련을 할 때도 그 친구들은 펄펄 날아다니는 데 비해 나는 뒤에서 허우적거리기에 바빴고, 심지어 드라이버 비거리에서도 내 공은 항상 그 친구들 공보다 10m 뒤에 놓여 있었다. 가장 참을 수 없었던 것은 스코어였다. 그 친구들보다 한 타라도 더 치는 날에는 내 자신에 대한 실망감과 함께 화가 치밀어 견딜 수가 없었다.

　'더 빨리 뛰지도 못하고 거리도 안 나면 스코어라도 좋아야 할 것 아니야!!'

　연습을 하다가도 공이 잘 안 맞으면 화장실로 뛰어들어가 엉엉 울고 또다시 나와서 연습하기를 반복했다.

　그렇게 냉혹하기만 한 내게도 봄볕 같은 따스한 날이 찾아왔다. 21살의 어느 날, 평소 너무나도 존경하고 좋아하던 프로님께서 주신 책 한 권. 변화는 그렇게 시작되었다. 그 책에 적혀 있는 단 두 글자가 내 마음을 송두리째 흔들기 시작한 것이다.

　'긍정'

　책의 골자는 긍정적으로 생각하면 생각한 대로 변화된다는 것이었다. 그것은 아주 단순 명쾌했지만 내게는 너무나도 낯선 문구였다.

　그렇게 긍정적으로 살아온 적이 있었던가?

　필드에 서서 그렇게 긍정적인 생각을 가져 본 적이 있었던가?

　아니다. 그렇지 못했다.

그린 앞에 해저드가 있으면 '공이 물에 빠지면 어떻게 하지?'

또 티박스에서 O.B. 말뚝이 보이면 '아, 티샷을 실수하면 어떻게 하나?'

상대방의 컨디션이 좋은 날엔 어김없이 '아, 내 실력은 고작 이것밖에는 안 되는 것인가?'

긍정적이기보다는 늘 최악의 상황을 염두에 두고 미리 걱정하는 나였다. 이 얼마나 피곤한 삶인가. 그러던 내가 조금씩 생각이 바뀌고 나니 그 전에는 엄청 중요하게 여겨지던 일들이 아무것도 아닌 것이 되고, 집착을 버리고 나니 보다 넓은 시야로 많은 것을 보게 되었다. 나는 그제야 골프의 참맛을 깨닫고 즐기게 된 것이다.


종종 아마추어 골퍼들과 라운드를 할 일이 있다. 그럴 때 간혹 그들을 통해 지난 시절의 내 모습을 보게 되는 경우가 있다. 공을 치면서 화를 참지 못하고, 마음처럼 실력이 따라주지 않으면 뽀로통해져서 동반자들과 대화조차 하지 않고……. 누군가 그런 행동을 할 때는 당사자뿐 아니라 함께 플레이하는 동반자 역시 기분이 상하게 된다는 것을 나는 제3자가 되고 나서야 깨달았다. 아마 그 사람은 모를 것이다. 이렇게 장담할 수 있는 이유는 바로 내 모습이 그랬기 때문이다. 나는 그런 골퍼들을 볼 때마다 기분이 상하기보다 안타까운 마음이 먼저 든다. 옆에 있는 사람도 괴롭겠지만 당사자는 자기가 만들어 놓은 그 비좁은 틀에 갇혀 몹시도 힘들어 하고 있을 것이 분명하기 때문이다.

바쁜 시간을 쪼개고 적지 않은 돈을 들여 가면서 필드에 나왔을 때는 저마다 나름대로의 이유가 있을 것이다. 누군가는 내기 골프에 대한 짜릿함 때문일 것이고, 누군가는 머리를 올리는 설렘으로 가득할 것이다. 어떤 이는 사람들과 어울리는 시간들을 통해 특별한 친분을 쌓고 싶어 할 것이고 또 어떤 이는 홀을 정복하는 본연의 재미에 푹 빠져 있을지도 모른다. 그 모든 것이 골프를 하며 누릴 수 있는 즐거움이다. 하물며 탁 트인 자연 속에서 공해 아닌 맑은 공기를, 소음 아닌 청명한 소리를 들을 수 있으니 이 얼마나 즐거운 일인가. 그런 수많은 즐거움들을 외면한 채 외골수처럼 자신의 샷에만 집착하는 것은 또 얼마나 어리석은 행동인가.

누가 뭐래도 골프의 본질은 즐거움이다.

이 모든 것을 깨달았음에도 불구하고 난 요즘도 가끔씩 라운드 도중 불쑥불쑥 옛날 버릇(?)이 속에서 꿈틀거리고 있음을 느낀다. 그럴 땐 숨을 크게 고르고 눈을 들어 푸른 하늘을 본다. 그리고 멀리 보이는 파릇한 자연의 조화로움에 잠시 마음을 돌린다. 그리고 내가 하고 있는 행위가 아닌 현재 머물고 있는 그 시간 속에 내 자신을 맡겨 본다. 주위에는 나의 시선을 기다리고 있는 즐거움들로 가득하다. 이렇게 완전한 조건 속에서도 즐기지 못한다면 그 사람이야말로 세상에 둘도 없는 어리석은 사람이 아닐까? 마땅히 누려야 할 행복을 외면하고 있으니 말이다.

그런 어리석은 사람들에게 나는 당당히 이야기한다.

필드에서 즐기지 못하는 자, 모두 유죄!

+

# 꿈을 품은 한설희

내가 골프를 처음 시작한 1994년. 강원도 춘천에서 골프를 치는 사람은 얼마나 됐을까? 우리나라 골프 붐에 불을 지폈던 박세리 프로의 맨발 투혼 활약은 그 후로부터 4년 뒤인 1998년도 이야기니 말이다. 당연히 요즘 말하는 박세리 키즈, 신지애 키즈와 같은 열풍도 없었거니와 골프의 대중화라는 말은 그저 먼 나라 이야기였다.

그 유명한 타이거 우즈는 당시 아마추어 선수였다. 우리나라 선수로는 국내에서 박현순 프로, 서아람 프로, 정일미 프로가 그리고 일본에서 이오순 프로, 구옥희 프로 등이 우승 소식을 간간이 전하고 있었다. TV 채널 어디를 틀어 봐도 골프 중계라는 것을 찾을 수가 없었기 때문에 가끔 스포츠 뉴스나 골프 잡지를 통해서만 겨우 그들의 소식을 접할 수 있었다. 이렇게 돌아가는 소식을 모르니 나는 골프를 시작할 때만 해도 프로가 되고 투어를 뛰어 돈을 벌어야겠다는 구체적인 꿈이 전혀 없었다.

그런 내가 꿈을 꾸게 된 것은 고등학교 3학년에 진학한 지 얼마 되지 않은 어느 봄날의 일이었다.

평소 알고 지내던 선배 언니가 프로가 되면서 오픈 시합을 나가야 하는데 백을 매줄 캐디가 없다며 한번만 백을 매달라고 부탁을 해왔다. 그렇게 해서 나는 골프를 시작한 지 6년 만에 처음으로 프로들이 시합하는 경기장에 발을 들이게 되었다. 여기를 봐도 저기를 봐도 사방에는 TV와 잡지에서만 봐왔던 여자 프로들로 가득했다. 나는 마치 내가 시합을 하러 온 것마냥 콩닥콩닥 뛰는 가슴을 주체할 수 없었다.

경기를 시작하기 전, 연습 그린에서 퍼팅 연습을 하는 선배 언니를 도와주고 있을 때였다. 무심코 고개를 돌리는 순간 앗, 이럴 수가! 지금 내 눈앞에 있는 사람은 박현순 프로가 아닌가? 당시 국내 여자 프로 골프 TOP을 다투었던 그 박현순 프로 말이다.

인사를 해야 할까, 말을 건네 볼까 고민하던 그 순간이었다.

"몇 살이야?"

아주 짧은 질문이었지만 나는 심장이 두근두근, 두근두근…….

"19살이오."

아무것도 아닌 이 짧은 대답을 하는데 왜 그리 떨리던지.

"그래? 너 운동 참 잘하게 생겼다. 신체 조건도 너무 좋고…… 열심히 해 봐."

환한 미소와 함께 건넨 이 말 한마디는 내게 날개를 단 것만 같았다. 하늘을 붕붕 나는 기분이 바로 이런 기분일까?

박현순 프로가 나에게 운동 참 잘할 것 같다니, 조건이 너무 좋다니. 춘천에서 올라온 아무것도 모르는 이런 나에게 말이다.

그리고 곧이어 시작된 프로들의 경기는 나의 부푼 마음을 한없이 뜨겁게 달궜다. 예쁘고 단정하게 차려입은 모습, 환한 웃음과 밝은 성격, 경기가 시작되면 진지하게 자신의 플레이에 임하는 모습. 확실히 아마추어들의 모습과는 차원이 달랐다.

설레었다. 그래, 나도 저렇게 멋지고 당당한 프로가 되고 싶다! 남들이 모두 인정하는 그런 프로 골퍼가 되자!

드디어 나에게도 꿈이 생긴 것이다. 지금 생각해 보면 그것은 막연한 동경과도 같은 어린 생각이었지만 당시 메마른 심지 같았던 내 마음에 희망이라는 불꽃을 피우기에는 충분했다.

"나는 반드시 KLPGA 프로 골퍼가 될 거야!"

+

# 아픔은 이겨내는 것이 아니라 인정하는 것

그 해 겨울은 유난히도 추웠다.

골프를 시작한 지도 어느새 2년차. 골프가 손에 익을 만할 때다. 그렇게 중학교 3학년으로 넘어가던 겨울, 나는 생애 처음으로 운동선수들이 겪는다는 소위 '직업병'을 앓게 된다. 사건의 발단은 이러하다.

시합을 뛰는 주니어 골퍼들은 대부분 12월이 되면 따뜻한 나라로 짧게는 한 달, 길게는 세 달 정도 전지훈련을 떠난다. 하지만 우리들은 달랐다. 우리의 목표는 역시 체력 강화! 겨울방학 동안 우리는 강도 높은 훈련을 이어갔다. 매일같이 짧게는 18홀, 길게는 27홀을 카트 도로를 따라 달렸고 그 후로도 윗몸일으키기, 헬스, 복근 운동 등으로 몇 시간씩 훈련을 지속했다. 그리고 훈련 후에는 어김없이 샷 연습이 시작되었다.

한계를 느끼게 했던 체력 훈련, 추운 곳에서 지속된 샷 연습……. 무엇이 문제였을까? 어느 날 계단을 오르는데 오른쪽 다리가 말을 듣지 않았다. 순간 마음속 깊은 곳에서부터 울리는 적색경보! 뭔가 잘못된 느낌이다. 서둘러

병원에 가서 CT, MRI 촬영을 했더니 결과는 맙소사, 디스크 초기.

이제 겨우 중학교 3학년, 골프를 시작한 지는 고작 2년이었다. 남들은 5년, 10년을 운동해도 건강하기만 한데 왜 이제 막 시작한 나에게 이런 일이! 어린 나에게는 너무나도 가혹했다. 몸의 한 부분이 고장 났다고 생각을 하니 그저 앞이 캄캄했다. 나만큼이나 놀란 부모님은 시작한 지 얼마 안 된 골프를 이쯤에서 그만두는 것이 좋겠다고 하셨지만 그렇게 할 수는 없었다. 정확한 이유는 잘 모르겠다. 다만 포기하면 안 될 것 같다는 그런 마음뿐이었다. 부모님을 겨우 설득한 나는 일단 재활 치료부터 시작하기로 했다.

재활은 생각보다 쉽지 않았다. 병원에서 진행되는 물리치료도 받고 한의원에 가서 침도 맞아 봤지만 통증은 줄어들 기미가 보이지 않았다. 그러자 부모님은 어디서 들었는지 용하다고 소문난 어느 맹인의 침 시술원을 찾기에 이르렀고 결국 나는 그곳에서 2주간 입원 치료를 받게 되었다.

하루에 두 번, 아침저녁으로 진행된 치료는 침대에 몸을 고정시켜 꼼짝 않고 누워 있다가 침을 맞고 찜질을 하는 것이었다. 한창 혈기 왕성한 나이에 두 평 남짓한 방에서 하루 종일 천장만 바라보고 있는 것은 생각 그 이상으로 고역이었다. 2주는 너무도 더디게 흘러가 마치 2년처럼 느껴졌다.

드디어 2주가 지난 후, 나는 뒤도 돌아보지 않은 채 집으로 돌아왔다. 약간의 통증은 남아 있었지만 다시는 그곳에 가고 싶지 않아 통증이 와도 무조건 티내지 않고 연습에 임했다. 당시에는 그게 최선이었다. 내가 있어야 할 자리에서 하고 싶은 운동을 하며 지내는 것. 그 뿐이었다.

그리고 3년 후, 고3이 된 나는 인생에서 가장 중요한 한 때를 맞이하고 있었다. 골프를 하면서 특기생으로 대학교를 가기 위해서는 고등학교 3학년 때의 시합 성적이 아주 중요했다. 보통 수험생들이 책상 앞에서 책과 씨름하듯 나는 날마다 연습장과 필드에 나가 클럽과 씨름을 해야 했다.

햇볕이 무르익어가는 여름날, 하루는 피니시를 하는데 몸이 잘 돌아가지 않았다. 허리에서 뭔가 걸리는 느낌이 들면서 오른쪽 엄지발가락이 뜻대로 움직이지 않았다. 불현듯 느껴지는 낯익은 불쾌감!

불안한 마음에 서둘러 병원으로 향했다. 하늘도 무심하시지. 검사 결과 이번에는 완전한 디스크였다. 의사 선생님은 수술을 해야 한다고 했다. 아무것도 보이지 않았다. 느껴지는 것은 오직 절망뿐. 왜 내게, 왜 하필 나한테 이런 일이 반복적으로 찾아오는 것일까. 병원에서는 반드시 수술을 해야 한다고 하고, 함께 골프를 배우던 사람들은 수술하면 골프 인생은 그것으로 끝이라고 했다. 한술 더 떠 부모님은 이제라도 늦지 않았으니 골프를 포기하자고 하셨다. 세상의 모든 근심과 걱정이 나를 향해 전력질주하듯 떠밀려오고 있었다.

그런 고민도 잠시, 나는 더 늦기 전에 급한 대로 물리치료부터 시작하기로 했다. 침대에서 자면 안 된다는 얘기에 딱딱한 바닥에 누워 잠을 자고 물리치료를 받았다. 3년 전 그때처럼 하루 종일 천장만 보는 시간이 반복됐다. 하지만 그 무렵 내게 가장 힘든 일은 찌르는 듯한 아픔도, 힘든 물리치료 과정도 아니었다. 인생에 있어서 어쩌면 가장 중요할지도 모를 그 시기, 모두가 기를 쓰고 노력하는 고3 시즌에 중요한 시합들을 하나도 나가지 못한다는 것이었다. 그것은 내게 아픔보다 더 큰 시련이었다.

하루에도 수십 번, 나는 내가 처한 상황에 원망을 퍼부었다. 현실을 받아들이기는 쉽지 않았다. 넘어야 할 산이라면 넘고, 이겨야 할 상대라면 있는 힘껏 싸우기라도 했을 텐데……. 시간이 얼마나 흘렀을까. 어느 순간 나는 이 처절한 고뇌가 덧없이 여겨졌다. 아무리 발버둥을 쳐도 현실은 바뀌지가 않았다. 그렇게 현실을 인정하고 나자 더 이상 지체할 수 없었다. 내 미래가 달린 일이니 건강이든 꿈이든 결단이 필요했다. 내가 무엇을 할 수 있을까? 내가 어떻게 해야만 할까?

모두가 예상했듯 나는 골프를 선택했다. 3년 전에도 그랬듯 나는 포기할 수 없었다. 골프는 더 이상 호기심과 동경의 대상이 아닌 나의 꿈이었다.

수술은 할 수 없었기에 척추와 척추 사이에 있는 신경에 통증을 줄여 주는 신경 주사를 맞기로 했다. 생전 처음 들어가 보는 수술실, 주사를 위한 하반신 마취. 모든 것이 낯설고 불안했지만 그것은 더 이상 문제 되지 않았다. 그렇게 나는 신경 주사를 맞고 다시 시합장에 섰다. 아픔은 쉽게 가시지 않았지만 더 이상 그것으로 인해 염려하거나 근심하는 어리석음은 되풀이하지 않았다. 내 몸의 아픔을 인정하고 그에 대처할 방법을 찾는 것이 훨씬 수월하고 현명한 방법임을 깨달았기 때문이다.


끝나지 않을 것만 같던 그 시기의 고민과 아픔은 마치 성장통과도 같이 어른이 되는 길목에서 그렇게 나를 성숙시켰다.

# 미운 오리 새끼

밀레니엄이 시작된 2000년, 나는 파릇한 00학번이 되었다.

막상 대학교에 들어와 보니 20살의 평범한 대학 생활을 누리고 싶었다.

그동안 쉬지 않고 달려왔으니 이 정도쯤은 포상휴가로 줄 수 있지 않을까 라는 생각에 대학교 1년은 간간이 대학연맹시합을 나가며 학교 생활을 이어 갔다. 함께 골프를 연습했던 또래의 친구들은 당연한 순리인 듯 막바로 프로 테스트 준비에 여념이 없었지만 난 조금도 조급해지지 않았다. 왜? 난 한설희니까. 포기를 모르는 한설희! 마음먹으면 하고야 마는 한설희! 고작 1년 정도의 차이는 금세 따라잡을 수 있겠지.

그리고 21살이 되던 해, 나는 계획대로 프로 테스트에 응시했다.

테스트의 순서는 이러했다. 먼저 2박 3일간의 이론 교육을 받은 후 이론 시험을 본다. 이론 시험은 골프의 기본과 골프 룰에 대해 다루는데 여기서 80점 이상을 받아야만 준회원 테스트를 치를 수 있는 자격이 주어진다. 그리 고 2001년 당시 준회원 테스트에서는 3일 동안 평균 79타의 스코어를 기록

해야만 그 다음 관문인 정회원 테스트를 볼 수 있었다. 그리고 정회원 테스트를 통과하려면 다시 3일간 평균 76타를 쳐야 했다. 여기서 준회원이란 세미프로, 정회원이란 투어에 응시할 수 있는 자격이 주어지는 프로라고 생각하면 된다.

먼저 1단계, 이론 시험.

중학교 때부터 골프 룰을 배운 나로서는 너무나 수월한 관문이었다.

그리고 이어진 2단계 준회원 테스트.

이 또한 지난 5년간 중고연맹한국 중고등학교 골프연맹 시합을 뛴 나에게 그리 어렵지 않았다. 역시 한 번에 패스. 그렇게 2001년 봄, 준회원 테스트까지 단번에 통과하고 정회원이 되기 위한 마지막 테스트만을 남겨두었다. 당시 프로를 꿈꾸는 대부분의 골프 지망생들에게 최종 목표라 함은 바로 투어 프로였다. 그러기 위해서 정회원은 반드시 거쳐야 할 관문이었다. 나 역시 필드에서 프로들과 어깨를 나란히하고자 하는 꿈이 있었기에 테스트는 당연한 일이었다.

그 당시에는 2부 투어의 5개 시합, 즉 각 시합당 2라운드씩 총 10라운드를 플레이 하는 동안 평균 타수가 76타 이하면 정회원 자격을 줬다.

"골프를 몇 년이나 쳤는데 설마 76타를 못 치겠어? 말도 안 되지."

계획대로 달려온 내게는 어느새 자신감이 아닌 교만함이 크게 자리하고 있었나 보다. 그래서일까? 2부 투어를 치른 첫해, 평균 타수는 당연히(?) 76타를 넘었고 정회원 역시 자동으로 탈락. 나는 가을에 있을 정회원 테스트를 치러야만 했다.

테스트 첫날.

첫 홀은 파5홀이었다. 티샷 페어웨이에 안착. 세컨 샷 역시 나쁘지 않았다. 써드 샷을 잘 붙이면 버디도 노려볼 만한 거리다. 그리고 자신 있게 스윙~ 어라? 근데 느낌이 이상하다. 그린에 올라간 볼이 홀 가까이 구르나 싶더니 그대로 홀인! 이글이다. 첫날, 첫 홀에서 기록된 이글. 내 자신감을 고조시키기에 완벽했다.

그럼 그렇지. 내가 실패할 리 없지.

하지만 홀이 거듭될수록 이글은 기억 속에서 빠르게 사라지고 더 이상의 행운은 없었다. 오직 실력만이 있을 뿐.

첫날 스코어 그럭저럭 75타, 둘째 날 스코어 어제보다 못한 77타.

평균 76타가 되려면 아직 나에겐 4타의 여유가 있었다. 지금까지 하던 대로만 하면 문제 될 게 없어 보였다. 드디어 시작된 마지막 3라운드. 경기가 시작된 순간 나는 뜻밖의 문제에 봉착했다. 바로 생각지도 못난 '나'를 만난 것이다.

만약 보기라도 하게 되면 '어떻게 하지? 이제 여유는 3타밖에 안 남았어. 아…… 스코어를 지켜야 하는데.'

앞에서 다른 선수가 실수를 하면 '나도 저렇게 실수를 하면 어쩌지? 더 이상은 안 되는데……'

이런 온갖 근심, 걱정들이 머릿속에 가득하다 보니 자신감은 점점 사라지고 샷은 눈에 띄게 주눅 들어 버렸다. 전반 9홀에서만 4오버파. 후반 첫 번째 홀 역시 보기. 다음 홀에서는 반드시 버디를 기록해서 만회를 하리라 다짐했지만 또다시 보기. 결과는 3일 중 최악의 스코어인 80타.

자신만만했던 나는 보기 좋게 정회원 테스트에 떨어졌다. 테스트에 떨어졌다는 사실보다 스스로를 과대평가했던 내 자신에게 너무나도 창피했다.

테스트가 열린 천안에서 춘천 집으로 가는 동안 차 안에서 얼마나 울었는지 모른다. 이대로 땅이 꺼지든 하늘이 무너지든 그렇게 사라지고 싶은 마음뿐이었다.

집에 도착한 나는 내 방 침대에 누워 멍하니 천장만 바라보고 있었다.

오늘 내가 뭘 한 거지?

똑똑!

그때 방문을 두드리고 아빠가 들어오셨다.

"딸, 아빠랑 술 한잔할래?"

"싫어. 생각 없어."

"그렇게 누워 있다고 뭐가 해결되냐? 그냥 아빠랑 기분이나 풀러 나가자."

못 이기는 척 그렇게 부모님을 따라나섰다.

아빠와 술잔이 몇 번이나 오갔을까?

"딸, 이번에 테스트 떨어진 거 너무 속상해 하지 마라. 너에게는 잘 된 일이야."

"어떻게 아빠가 그런 말을 할 수 있어? 내가 얼마나 힘들게 연습했는데! 아픈 것도 꾹 참고 얼마나 열심히 달려왔는데!"

나는 울컥하는 마음에 엉엉 울며 외쳤다.

"너는 프로가 된다는 것에 대해 너무 자만하고 있었어. 네가 이번에도 단번에 테스트에 통과했다면 너는 테스트에 떨어지는 사람들을 이해하지 못했을 거야. 좋은 인생 공부했다 생각하고 내일부터 다시 열심히 해보자."

뭔가 반박하고 싶었지만 할 수 없었다. 아빠에게 부끄러운 내 속을 모두 들킨 기분이었다.

집에 와 누우니 잠이 오질 않았다. 내일부터 다시 시작될 하루를 견딜 수 없을 것만 같았다. 연습장에 함께 다니는 사람들 모두 내가 테스트에 응시한 것을 알고 있는데, 어떻게 아무 일도 없었던 것처럼 다닐 수 있을까? 부모님과 약속은 했지만 도저히 용기가 나질 않았다.


아빠, 엄마 죄송해요.
내일부터 다시 연습을 시작하기로 약속했지만
연습장에 나갈 자신이 없어요.
며칠만 마음 정리 좀 하고 올게요.


짧은 글을 써놓고 나는 그 길로 집을 나왔다.

마음 정리라는 거창한 표현을 쓰고 나오긴 했지만 내가 할 수 있는 일이라곤 그저 현실을 도피하는 것뿐이었다. 친구들을 만나고, 매일 밤 술로 머릿속을 비우고…… 그렇게 아무 생각 없이 흥청망청 하루하루를 보내는 것이 전부였다.

그날도 하릴없이 PC방에서 시간을 때우다 문득 메일함을 체크하는데 엄마에게서 편지가 와 있었다.


'사랑하는 딸에게'


이 짧은 한마디에는 모든 것이 담겨 있었다. 그동안의 방황에 대한 꾸짖음

도, 안부를 염려하는 마음도, 딸의 모습을 기다리는 그리움도, 그럼에도 불구

하고 사랑하는 마음도…….

　'엄마, 빨리 집에 가고 싶어요. 엄마가 해주는 밥도 먹고 싶고요. 그리고 너

무 보고 싶어요.'

　서러움에, 그리움에, 죄송한 마음에 그렇게 터진 눈물은 좀처럼 그치질 않

았다.

　그리고 이틀 후, 나는 우리 집 대문 앞에 서 있었다.

　떨리는 마음에 집으로 들어와 보니 불행인지 다행인지 거실에는 아무도

보이지 않았다. 조용히 방으로 들어와 침대에 가만히 앉아 있었다.

　내 방이 원래 이렇게 생겼었나? 내가 떠나 있던 시간 동안 바뀐 건 없는 것

같은데…….

　그때, 거실로 나오신 아빠의 기침 소리. 나도 나지만 침대에 앉아 있는 내

모습에 아빠는 더 놀라셨을 것이다.

　"설희야…….”

　아무런 책망도 담겨 있지 않은 다정한 목소리. 내 이름을 부르는 소리에 나

도 모르게 눈물이 쏟아졌다. 내가 원래 이렇게 울보였었나? 아빠는 그런 나를

말없이 안아 주셨다. 언제 들어오셨는지 내 곁에 오신 엄마는 나와 함께 눈물

을 흘리셨다. 그리고 '철썩~!' 찰진 소리와 함께 등에서부터 느껴지는 강한 통

증! 엄마의 매운 손맛과 함께 나의 철없던 방황은 그렇게 끝이 났다.

　거실에는 어느새 따뜻한 밥상이 가득 차려져 있었다. 전부 내가 좋아하는

것들이다.

　"설희, 네가 온다는 이메일을 보자마자 엄마가 만든 음식이야.”

망설이고 있던 이틀 동안, 식탁에는 매 끼니마다 나를 맞이할 준비가 되어 있었던 것이다. 눈물을 흘리며 먹던 그 따스한 맛을 지금도 잊을 수가 없다.

다시 제자리로 돌아온 나는 다짐을 했다. 내년에는 꼭 2부 투어의 평균 타수로 정회원이 되기로. 마지막 테스트까지 몰려 한 타 한 타를 칠 때마다 조바심냈던 나의 낯선 모습은 다시 만나고 싶지 않았다.

마음을 다잡은 후 시간은 바쁘게 흘러갔다. 연말에는 뉴질랜드로 전지훈련 계획이 잡혀 있었고 나는 그 전까지 기초 체력을 만들기로 했다. 낮에는 연습장에서 연습하고, 저녁에는 헬스장으로 향했다. 이렇게 반복하기를 두 달. 그리고 나는 뉴질랜드로 떠났다.

뉴질랜드는 해가 길어서 아침 6시부터 밤 9시까지도 연습을 할 수 있었다. 시간적인 여유는 많았지만 그렇다고 게을러질 수는 없었다. 내 자신과의 약속이 있었기 때문이다.

'후회 없이 마음껏 연습해 보자. 아침 해가 뜨기 전에 나가고, 오후에는 해가 지면 그때 들어오는 거야.'

그렇게 시작된 뉴질랜드의 하루는 길었다.

아침 5시 반이면 밖으로 나가 연습을 시작했다. 1,000번의 연습 스윙을 마치고 돌아오면 그제야 다른 아이들과 함께 움직이는 하루 일정이 시작된다. 보통 27홀, 많게는 36홀을 걸어서 라운드 하고 7시면 공식적인 일과가 모두 끝났지만 나는 다시 어프로치 연습을 위해 밖으로 향했다.

매일 같이 코피를 흘릴 수밖에 없는 고된 일정이 이어졌지만 나는 포기할 수 없었다. 힘들게 돌아온 자리이기에, 그리고 무엇보다 내 자신과 나를 기다려 준 가족들을 더 이상 실망시키고 싶지 않았다.

드디어 기다리고 기다리던 2부 투어.

7월의 첫 경기에서 각각 71타, 73타로 전체 5등을 기록했다. 지금까지 경기를 치른 것 중에서 가장 좋은 기록이었다. 하지만 여기서 기뻐하긴 일렀다. 나에겐 5등이라는 기록보다 다음 경기를 보다 여유 있게 치를 수 있다는 사실이 중요했다.

총 5번의 시합 중 마지막 시합은 보광 휘닉스파크에서 열렸다. 이미 그동안의 대회에서 타수를 줄여 이번 시합은 이틀 동안 90타씩 치더라도 정회원이 될 수 있는 평균이 나왔다. 하지만 끝까지 내 자신에게 최선을 다하고 싶었다.

2부 투어 시합 평균 기록 74.00타. 드디어 나는 많은 사람들의 박수 속에 KLPGA 정회원에 이름을 올리게 되었다. 정회원이 되었다는 기쁨도 컸지만 무엇보다 끝까지 나를 믿고 기다려 주신 부모님께 자랑스러운 모습을 보여 드린 것, 그리고 나 자신과의 약속을 지켜냈다는 뿌듯함에 그동안 쌓인 긴장과 피로가 모두 잊히는 듯했다.


많이 아팠고, 많이 고민했고, 또 많이 힘들었던 그 시절. 누군가에게는 철없는 방황으로, 뒤늦은 사춘기로, 또는 배부른 투정으로 보일지도 모르겠다. 하지만 내게 있어 그때의 시간들은 새로운 내가 되기 위한 진통이었다.

미운 오리 새끼도 백조가 되기 전까지 참으로 많은 시련이 있었다. 하지만 많은 번뇌와 아픔 끝에 결국 그 미운 오리 새끼는 이전과 전혀 다른 백조의 모습이 되어 하늘을 날았다.

나 역시도 아픈 시간과 방황 끝에 미운 오리 새끼 한설희에서 한국 여자 프로 골퍼로 그렇게 당당히 다시 태어날 수 있었다.

+

# 필드 위의 패셔니스타

보기만 해도 칙칙해지는 색감, 누구든 통짜 몸매로 만들어 버리는 박스형 티셔츠, 개성이라고는 찾아 볼 수 없는 디자인. 아~ 이건 아니다.

보고 또 봐도 마음에 들지 않았다. 당시의 골프웨어는 말이다.

내가 프로 자격증을 땄던 2002년. 그 당시엔 지금처럼 스타일리시한 골프웨어가 없었다. 요즘 프로 골퍼들이 대회를 치르는 경기장에 가보면 마치 만개한 꽃밭 같다. 화사하고 다채로운 색상, 그 어느 하나도 비슷한 것을 찾기 어려운 개성 만점 디자인, 여성의 아름다움을

살려 주는 스타일 등등. 때문에 요즘엔 패션모델이 런웨이에만 있는 것이 아니라 필드 위에도 존재한다.

하지만 내가 프로 무대에 데뷔할 때만 해도 필드에서 스타일을 논한다는 것은 생각할 수도 없었다. 하물며 운동선수가 사적인 자리가 아닌 일터(?)에서 멋을 부린다니 그건 생각할 수도 없는 일이었다. 만약 경기장에서 멋을 부린 선수가 있다면 그건 십중팔구 실력이 썩 좋지 않은 소위 날라리(?) 선수라고 여겨질 정도였으니 말이다.

왜 있지 않은가? 운동선수 하면 딱 떠오르는 전형적인 이미지 말이다. 검게 그을린 얼굴, 굵고 단단한 근육질 몸매, 미소를 잃어버린 표정, 짧은 커트 머리, 멋이라고는 찾아 볼 수 없는 통짜형 티셔츠, 획일화된 단체복……. 골프에서도 역시 크게 다를 바가 없었다.

참을 수가 없었다. 골프란 그 어떤 것보다도 섬세하며 라인이 살아 있는 스포츠가 아닌가? 무엇보다 나는 20대 초반의 청춘이란 말이다.

기존에 이미 만들어진 골프웨어로는 나의 미적 욕구를 충족시키기에 턱없이 부족했다. 그래서 나는 밤마다 대대적인 작업에 돌입해야 했다. 이름하여 골프웨어 리폼! 잘록한 허리가 드러나도록 라인을 살리고, 길이를 줄이고……. 어쩌면 나는 의상을 직접 리폼한 KLPGA 프로 골퍼 1호가 아닐까 싶다.

미모는 여자의 최대 무기라고 했던가, 옷이 날개라 했던가?

그렇게 하나하나 정성껏 바꾼 의상을 입고 필드에 나가면 어느 때보다도 자신감이 생겼다. 남과 다른 내 모습이 좋았고 주목 받는 것에 신이 났다. 그런 내 마음을 알아서일까? 덩달아 스코어까지 기분 좋은 결과를 내주었다. 요즘 말로 스타일이 살아야 골프가 산다는 것! 그런 내 모습이 생각보다 썩 괜찮아서일까? 노력이 가상해서일까? 투어를 뛰던 첫해, 나는 2003년 한국 여자프로골프대상 시상식에서 베스트드레서 상을 수상했다.

혹자는 그런 모습을 비웃을 수도 있다. 운동선수에게 있어서 실력 이외의 것이 무슨 소용이 있느냐고? 천만의 말씀이다. 특히 멘탈이 크게 좌우하는 골프에서는 더더욱 그렇다. 자신의 모습에 만족감을 느낄 때의 긍정적인 심리 효과가 '좋은 멘탈, 자신감 상승'에 도움을 주기 때문이다. 그것이 설령 자기만족일지라도 말이다. 더군다나 예뻐 보이고 싶은 마음은 동서고금을 막론하고 여자들의 기본 욕구가 아닌가?

경기를 볼 때 잘하는 프로들이 나오면 기분이 참 좋다. 그런데 거기에 예쁘기까지 하면 더 좋다. 요즘은 스타일에 너무 신경을 쓰지 않는 듯하면 오히려 자기 관리가 소홀해 보여 쓸쓸하기까지 하다. 그래서 난 후배들이 네일아트나 헤어, 스타일 등에 관심을 갖는 데에 적극 찬성이다. 같은 값이면 다홍치마니까!

물론 거울 앞에서 치장하는 시간이 연습장에서 연습하는 시간보다 길어지면 곤란하겠지만 말이다.

# 3년간의 투어 생활

고등학교 3학년, 병원에서 디스크 진단을 받았을 때 부모님은 골프를 그만 둘 것을 권하셨다.

"지금까지 연습한 게 아까워서라도 못 그만두겠어요. 일단 프로 자격증은 꼭 딸 거예요. 그리고 기회가 된다면 투어도 꼭 뛰어 보고 싶어요. 하지만 투어에서 비전이 없다고 생각되면 3년만 뛰어보고 정리할게요."

그 후로 3년 뒤인 2002년.

나는 당당히 정회원 자격증을 따고, 그해 11월에 있는 시드 순위 전에서 16등을 기록해 다음 해 투어를 뛸 수 있는 자격을 받았다. 드디어 꿈에 그리던 프로들의 무대.

나의 프로 데뷔 무대는 바로 〈김영주 골프 여자 오픈〉이었다.

입구부터 즐비해 있는 대회 스폰서 간판들, 여기저기서 보이는 프로들의 모습들……. 그동안 숱하게 대회를 다닌 나지만 이건 그야말로 신세계다.

열짱 프로 한설희의
쉽게 배우는 골프

열짱 프로 한설희의
쉽게 배우는 골프

"그래, 여기야. 여기가 바로 내가 꿈에 그리던 그 곳이야!"

설레는 만큼 긴장감도 컸던 첫 시합.

앞 팀이 나가는 걸 지켜보는데 다른 선수들이 샷을 할 때마다 마치 내가 샷을 하는 것마냥 너무 떨렸다. 드라이버 샷을 페어웨이 중앙으로 멋지게 보내는 선수가 있는가 하면 공이 잘 맞지 않아 좋지 않은 위치로 가는 선수도 있고 모두가 제각각이다. 특히 그런 실수들을 볼 때마다 기도가 절로 나온다.

'제발 내 공은 페어웨이 중앙으로 갈 수 있게 해 주세요.'

어찌나 긴장하며 라운드를 했는지 첫날은 어떻게 지나갔는지 기억조차 나질 않는다. 다행히 스코어는 74타, 무난한 출발을 할 수 있었다.

둘째 날, 아침부터 날씨가 수상하다.

때마침 창문을 두드리는 빗소리. 창밖 하늘은 시커멓고 추적추적 비가 내리고 있다. 대회가 열린 시기는 4월. 비를 맞으며 라운드를 하니 생각 이상으로 추위가 매서웠다. 설상가상으로 점점 굵어지는 빗줄기. 시간이 지나도 장대비는 멈출 줄 몰랐다. 이미 입고 있는 옷은 모두 젖었고 손은 추위에 굳어 그립 잡는 것도 힘들 정도였다. 스코어? 두 말 할 것 없이 비참했다. 나뿐만이 아니라 함께 경기를 치르는 많은 선수들이 경기가 중단되기를 그야말로 학수고대했다.

몇 홀이나 지났을까? 그린에 물이 고이기 시작하면서 2라운드 경기는 그제야 중단이 되었다. 얼마나 다행이었는지 모른다. 추위도 추위지만 지금의 스코어로 2라운드를 마무리한다면 도저히 예선을 통과할 자신이 없었기 때문이다.

대회는 결국 둘째 날의 라운드가 중단되면서 예선전 없이 첫날과 마지막 날, 이렇게 이틀 동안의 성적으로만 순위를 매기도록 결정되었다.

첫 대회부터 하늘이 나를 돕는구나!

하지만 기쁨도 잠시, 시합의 긴장감이 풀려서일까? 순간 심상치 않은 몸 상태가 느껴지기 시작했다. 몸은 오들오들 떨리고, 머리에서는 열이 펄펄 끓고, 추운 곳에서 너무 오랫동안 있어서인지 두통까지 한꺼번에 밀려왔다. 젖은 옷을 갈아입을 새도 없이 일단 골프장을 나와 근처에 잡아 놓은 숙소로 향했다. 부랴부랴 숙소에 도착해 젖은 옷을 갈아입으려고 하니 마치 내 살이 떨어지는 것마냥 아파 온다. 아무래도 몸살이 단단히 왔나 보다. 샤워기의 물줄기마저 거센 폭포수처럼 느껴졌다.

하지만 이렇게 앓고만 있을 순 없었다. 내일 있을 경기를 위해서는 어서 약을 먹고 잠이라도 푹 자야지. 그렇게 약을 먹고 침대에 누워 있으려니 왠지 모르게 서러워진다. 꿈에 그리던 프로 데뷔 전의 감동을 채 느끼기도 전에 시합은 날씨로 엉망이 되고, 거기에 나는 병까지 얻어 모텔 방에 혼자 누워 있구나 생각을 하니 너무 속이 상했다.

어느새 잠들었는지 깨어 보니 다음날 아침. 다행히도 컨디션은 정상 가까이 회복된 듯하다. 심기일전하여 마지막 라운드를 치르고 나니 남는 것은 합계 147타라는 기록과 썩 유쾌하지는 않았지만 강렬했던 첫 경험. 그렇게 나의 프로 데뷔 전은 막을 내렸다.


첫 시합부터 나름의 홍역을 치르고 면역이 생겼다 싶었는데 시합은 갈수록 나에게 심한 부담이 되었다. 마음이 그러하다 보니 연습을 해도 성적은 좋지 못했고, 성적이 뜻대로 되지 않다 보니 시합 날을 기다리는 것은 더욱더

스트레스로 다가왔다. 이런 악순환 속에 특히 참을 수 없는 것은 바로 심장을 조여 오는 조바심이었다.

골프를 치는 사람이라면 누구나 이해할 수 있는 것이 바로 1m 퍼트할 때의 긴장감일 것이다. 만약 1m 퍼트를 처음 시도했을 때 공이 홀로 들어가면 그 다음 또다시 1m 퍼트가 남아도 부담 없이 계속 성공할 수 있다. 하지만 처음의 1m 퍼트를 실패하는 날엔 쇼트 퍼트를 하는 매 순간순간이 지옥이다. 심장이 쿵쾅거리고 머릿속은 하얗게 지워지는 이른바 멘탈 붕괴 직전의 상태가 되는 것이다. 아마도 느껴 보지 못한 사람은 이해하기 힘들 것이다.

어쨌든 1m 퍼트를 남겨 둔 긴장감, 어려운 상황을 어떻게든 만회해야만 한다는 조바심, 그리고 혹시나 예선에서 떨어지지는 않을까 하는 초조함. 이 모든 것이 나의 신경을 갉아먹는 듯 조여 왔고 그것은 곧 프로 생활에 대한 회의감으로 이어졌다.

어렸을 때 TV 속에서 보던 프로의 모습은 자신의 플레이에 언제나 당당하고, 실수에도 의연하며, 필드에 서면 늘 빛이 났다. 난 그런 모습을 동경했다. 그렇게 빛나는 사람이 되고 싶었다. 막상 꿈에 그리던 프로가 되고 보니 어렸을 때 TV 속에서 만나고, 우리가 알고 있던 프로들은 사실 빙산의 일각이었다. 스포트라이트를 받고 있는 프로들 뒤에는 얼굴을 본 적도, 이름을 들어 본 적도 없는 수많은 프로들이 혹 그들에게도 올지 모르는 기회를 잡기 위해 끊임없이 샷을 겨누고 있었다.

현실은 상위 1%가 아닌 99%에 있었다. 하지만 상위 1%를 보고 자란 나는 막상 나머지 99%의 현실을 맞닥뜨리고 보니 그 괴리감을 인정하기가 쉽지 않았다. 물론 그 99%가 별 볼 일 없다는 것은 결코, 절대 아니다. 그들 역시

KLPGA 회원이 되기 위해서 오랜 시간 동안 많은 것을 포기하고 골프에 전념해 온 사람들이기에 대한민국을 대표하는 프로로서 박수 받아야 마땅하다고 본다. 다만 나는 특정된 1%에게 비춰졌던 화려한 스포트라이트에 취해 있었던 건지도 모르겠다.

나는 그런 내 자신에 대해 객관적으로 생각을 했다. 투어 선수로 성공할 수 있을까? 이 길에서 나의 비전을 찾을 수 있을까? 몇 번을 생각했지만 마음속의 대답은 언제나 NO. 부정적이었다. 솔직한 심정으로 쟁쟁한 프로들의 치열한 경쟁 속에서 1%에 들기란 자신이 없었고, 끊임없이 치고 올라오는 막강 신인들의 도전 속에 살아남을 용기가 점점 약해져 갔다.

이런저런 복잡한 마음을 정리하지 못한 채 시간은 흘렀고 어느 새 2005년 늦가을, 내년도 시합을 위한 시드전을 향해 가던 길이었다. 장소로 향하면서 생각했다. 만약 이번에 성적이 안 좋으면 깨끗하게 투어를 포기하겠다고…….

이미 마음이 멀어진 탓인지 그날의 라운드는 이상하리만치 긴장도 되지 않고, 집중도 되지 않았다. 그렇게 첫날의 라운드가 끝나고 경기위원회를 찾은 나는 스코어 카드 제출이 아닌 경기 기권을 선언하고 말았다. 이런 복잡한 마음으로 투어 생활을 지속한다는 것은 좋은 성적을 거둘 수도, 골프를 즐기기도 어렵다는 것을 결국 깨달았기 때문이다.

그 길로 집을 향해 내려가는 도중 부모님께 전화를 드렸다.

"그래, 시합은 끝났어? 잘 쳤니?"

"죄송해요. 시합은 끝났는데…… 기권하고 나왔어요."

수화기 너머로 부모님의 깊은 한숨 소리가 들려왔다. 하지만 이미 마음의 결정을 내렸기에 되돌릴 수도, 되돌리고 싶지도 않았다. 한동안 말이 없으신 부모님께서 다시 물으셨다.

"그럼 이제 뭘 할 건데?"

고민은 오랫동안 했지만 결정은 순식간이었기에 아직 구체적인 계획은 없었다.

일단 레슨을 해보고 싶다고 했다. 레슨을 하면서 다시 한 번 나의 스윙을 되돌아볼 수도 있으니 말이다. 아직은 25살, 많지 않은 나이였기에 더 다양한 경험을 하고 더 많은 사람들을 만나며 공부를 하고 싶었다.

부모님은 나의 뜻을 존중해 주셨다. 힘들게 가르친 골프, 부모님 또한 나름대로 나에 대한 큰 기대가 있으셨겠지만 너무나 감사하게도 아무런 반문도 없이 나의 결정을 믿어 주셨다.


희한하게도 딱 3년이 걸렸다. 고3 때 부모님께 말씀드린 그대로 나는 투어 생활 3년 만에 그 자리를 접을 수 있었다.

누군가에게는 여전히 인생의 중요한 목표요, 꿈인 투어 프로. 지금도 많은 사람들이 그 자리에 오르기 위해 보이지 않는 곳에서 무수히 많은 땀과 눈물을 흘리고 있을 것이다. 때문에 사람들은 그렇게 투어 생활을 끝낸 내게 배가 불렀다, 철이 없다, 너무 무모하다 등의 말을 하기도 한다. 내게도 그것은 결코 쉽지 않은 결정이었음을 얘기하고 싶다. 다만 모두가 1등을 꿈꾸지만 누구나 1등이 될 수 없는 것처럼 나 역시 내가 도달할 수 없는 현실에 대해 뼈저리게 깨닫고 인정한 것이다.

내가 감당하기에는 너무나 벅차고 힘겨운 시간이었지만 결코 그 3년을 후회하지는 않는다. 그 모든 것이 있었기에 나는 지금의 모습으로 새로운 도약을 할 수 있었기 때문이다.

그 이후로 지금까지 나를 만나는 많은 골퍼들이 내게 질문을 한다.

"프로님, 투어를 왜 3년밖에 안 뛰셨어요?"

"제 길이 아닌 것 같아서요"

"투어를 빨리 접은 것에 대해 후회는 안 하세요?"

"후회요? 그런 것 없어요. 제가 갈 길은 따로 있었으니까요."

# 02

# 지금은 ON AIR

# 새로운 길을 만나다

따르르릉

"누구세요?"

"저는 ○○방송국의 ○○○ 피디입니다. 이번에 새롭게 들어가는 프로그램이 있는데 혹시 같이 해볼 생각 없으세요?"

"글쎄요. 올해는 제가 투어를 뛰는 첫해라서 지금은 시합에 조금 더 집중하고 싶은데요. 방송은 나중에 기회가 된다면 그때 생각해 보겠습니다."

투어 무대에 처음 진출했던 2003년도의 일이다. 뜻밖의 권유를 받고는 조금 얼떨떨했지만 당시 내게 있어서의 우선순위는 투어였기에 길게 고민하지 않고 거절할 수 있었다.

그런데 참 이상한 일이다. TV를 틀면 그 전에는 보이지 않던 것들이 눈에 들어오니 말이다. 골프 채널에 여자 프로들이 나오면 어느새 유심히 살펴보는 내 모습이란……. 당시 방송에서 많은 활동을 하고 있던 프로는 김희정 프로였다. 비주얼적으로도 매우 훌륭했고 거기다 레슨을 할 때 말은 또 얼마나 또박또박 잘 하는지. 만약 나중에 기회가 돼서 방송을 하게 된다면 김희정 프로처럼 멋있게 하고 싶다는 생각을 했던 것 같다.


한창 투어에 심취해 있던 2004년 여름.

2005년 개국을 앞둔 J GOLF에서 방송에 내보낼 프로그램을 사전에 촬영하고 있었는데 우연찮게 프로그램 게스트로 참여하게 되었다. 제목은 「3클럽 챌린지」.

너무나도 무더운 날, 용인 프라자C.C.에서 촬영을 마치고 촬영 스텝들과 다 함께 식사를 하던 중이었다.

"저 골프 프로그램에 관심 많아요. 꼭 한 번 방송에 도전해 보고 싶어요."

당시 프로그램을 담당했던 김범수 PD 현 J GOLF 제작팀장와 이런저런 이야기를 나누던 도중 무슨 생각이었는지 불쑥 이런 말을 꺼내게 되었다. 아차! 한창 투어를 뛰어야 할 시기에, 성적에 열을 올려야 할 프로 골퍼가 이게 무슨 말인가. 이런 내가 얼마나 한심해 보일까…… 쯧쯧. 말하는 순간 아차 싶었지만 이미 내뱉은 말을 주워 담을 수도 없는 노릇. 다행히 김범수 PD는 나중에 인연이 있다면 꼭 함께 방송을 해보자는 말을 해주었다.

그렇게 무심코 한 말이 기약 없는 약속이 되어 기억 속에서 가물거릴 때쯤 또 한 통의 전화가 왔다.

때는 해를 넘긴 2005년의 어느 날이었다.

이번에는 골프 프로그램 제작을 전문으로 하는 프로덕션에서의 연락이다. 자신을 피앤에프미디어라는 프로덕션의 박상희 대표라고 소개한 그분은 새롭게 만들어지는 프로그램을 같이 했으면 좋겠다고 했다. 하지만 이번엔 스케일이 달랐다. 하루, 이틀 촬영이 아닌 일주일 동안 외국에서 촬영을 해야 하는 일정이었다. 더군다나 촬영의 마지막 날은 시합과 날짜가 겹치기까지 한다. 아쉽지만 어쩔 수 없지. 나의 본분은 투어를 뛰는 프로 인걸. 이번에는 어려울 것 같다고 거절을 하려는 찰나였다.

"스케줄 앞당겨서 시합에 지장 없도록 할 테니까 이번에 한번 같이 해봅시다. 분명 후회할 일은 없을 거예요"

확신에 찬 그 말에 나는 그렇게 내 생에 두 번째 촬영을 시작하게 되었다.

나의 두 번째 프로그램 제목은 「J GOLF의 우먼스타 16강전」.

삼세 번의 권유와 두 번에 걸친 프로그램 출연. 이쯤 되면 나도 전문 방송인은 아니지만 그 비슷한 수준은 되지 않았을까? 금방 내일이라도 또 다른 인생이 눈앞에 펼쳐질 것만 같았다.

그러나 방송가는 마치 한설희가 언제 방송을 했냐는 듯 쥐 죽은 듯 잠잠했다. 부정하고 싶었지만 현실은 냉랭했다. 잠시였지만 방송과 함께 그렸던 나의 새로운 미래는 그렇게 한여름 밤의 꿈처럼 혼자만의 착각으로 일단락되는 듯했다.


시간은 흘러 2007년 1월. 어느 날 걸려 온 한 통의 전화.

"여보세요?"

"한설희 프로신가요?"

누구지? 모르는 번호의 주인공은 나를 아는 듯하다.

"누구시죠?"

"혹시 기억하세요? 예전에 「3클럽 챌린지」를 촬영했던 J GOLF 김범수 PD

입니다"

반갑기도 하고, 의아하기도 한 내게 그 피디는 계속 말을 이어갔다.

"그때 했던 약속…… 지키기 위해 전화했습니다."

"네?"

"나중에 인연이 되면 다시 한 번 방송을 같이 해보자고 했죠? 이번에 새로 편성된 프로그램이 있는데 한 프로가 해줬으면 좋겠어요."

기다렸던 방송 섭외라는 것도 기뻤지만 오랜 약속을 잊지 않은 그 마음이 더더욱 고마웠다. 그런데 그런 기쁨도 잠시 "죄송한데 저는 못 할 것 같아요" 프로그램 내용을 듣던 나는 더 생각할 것도 없이 사양할 수밖에 없었다.

방송 경험이 턱없이 부족한 내게 생방송 제의가 들어 온 것이다. 아무리 생각해 봐도 내게 생방송은 무리였다. 그건 마치 중고연맹대회에 나가는 아마추어 선수에게 LPGA 무대에 서라는 것과 마찬가지였다. 너무나도 하고 싶었지만 거절할 수밖에 없던 내게 그 분은 곰곰이 생각해 보라며 하루의 시간을 더 주었다.

그리고 다음 날 오후. 하루가 아닌 한 달을 생각해도 안 되는 것은 안 되는 것. 정말 하고 싶은 마음이 굴뚝같았지만 생방송만큼은 너무나 자신이 없어 죄송하다는 말만 반복할 수밖에 없었다.

"나는 한프로가 분명히 잘해 낼 거라고 생각해요. 일단 생방송 두 번 정도 해보고 그래도 정 못하겠으면 그때 그만둬도 괜찮아요."

그 한마디에 용기를 얻어서 일까, 너무나도 하고 싶었던 방송에 대한 목마름 때문이었을까. 그렇게 나는 생방송을 하기로 결정했다.

심사숙고 끝에 결국 만나게 된 운명적 방송이 바로 지금의 나를 만들어 준

「J GOLF 라이브 레슨 70」
이다. 만약 그때 끝까지
고사했더라면 지금의 나
는 없었을 것이다.

자신이 할 수 있는 일
이 아니라 하고 싶은
일을 위해 용기 낼 때
비로소 사람은 성장을
하게 된다는 것! 다소 무모했지만 과감

했던 결정은 투어 프로 한설희에서 미디어 프로<sub>방송을 전문으로 하는 프로 골퍼</sub> 한
설희로 새로운 길을 걸어갈 수 있도록 만들어 주었다.

그 때부터 지금까지 걸어온 길. 오늘도 나는 그 길 위에 서서 이렇게 말한다.

"안녕하세요, 라이브 레슨 70의 한설희 프로입니다."

# 험난한 방송 입문기

2005년에 방송된 「J GOLF 우먼스타 16강전」을 촬영할 때의 일이다.

그 프로그램은 내 생애 두 번째 출연작이었고 전작이었던 「3클럽 챌린지」가 게스트 입장에서의 출연이었던 것을 감안한다면 내가 진행을 맡은 첫 작품이라고 해도 과언이 아니었다.

촬영은 태국에서 이뤄졌다.

첫날, 구름 한 점 없는 하늘은 마치 나의 첫 MC 데뷔를 축하해 주는 듯 맑고 청명했다. 스탭들은 일찍부터 촬영을 위해 분주한 모습이다. 촬영의 동선을 꼼꼼히 살펴보는 연출 팀, 나를 둘러싸고 있는 카메라 팀, 그리고 내 옆에는 함께 호흡을 맞출 MC 파트너 표영호 씨가 있었다.

방송은 혼자가 아닌 여러 사람의 노력으로 만들어지는 공동 작업이었다. 물론 골프를 할 때도 레슨을 담당해 주는 코치, 뒤에서 응원을 아끼지 않는 지인들, 더 좋은 환경을 위해 애써 주는 후원사 등 많은 분들의 도움이 있다. 하지만 정작 필드에 서면 오직 혼자만의 싸움인 것이다. 방송을 달랐다. 같은 시간, 같은 장소에서 각자 맡은 바를 실수 없이 해낼 때 마치 톱니바퀴가 맞물려 돌아가듯 순조롭게 진행될 수 있는 것이었다. 이런저런 생각을 하고 나니 덜컥 긴장이 됐다.

'괜찮아, 잘할 수 있어. 어젯밤 잠도 못 자고 거울 앞에서 달달달 외웠잖아? 한설희, 침착해.'

울렁이는 마음을 애써 진정시키며 담당 PD의 신호를 기다렸다.

"자, 슛 들어갑니다. 하나, 둘, 큐!"

표영호 씨의 능숙한 인사말이 들린다. 그러고 자연스럽게 이어지는 내 차례…… 그런데…… 갑자기 머릿속이 하얘졌다. 내가 무슨 말을 해야 하는지 아무런 생각도 나질 않는다. 세상에, 어젯밤 그렇게 연습했는데!

〈안녕하세요, 한설희 프로입니다. 저도 표영호 씨와 함께 MC를 맡게 돼서 너무 기쁜데요. 앞으로 필드의 긴장감을 생생하게 전달해 드리도록 노력하겠습니다.〉

이것이 내가 해야 하는 인사말이었다. 이 짧은 세 문장의 인사가 이토록 어려운 말이었다니…… 나는 무려 20번이라는 어마어마한 NG를 내고 말았다. 나의 기록적인 NG 덕분에 현장에 있던 스무 명 남짓한 스탭 모두는 땡볕 아래에 그대로 노출된 채 말할 수 없는 고생을 감수할 수밖에 없었다. 차라리 비라도 내려서 촬영이 중단되면 좋으련만 야속하리

만치 청명한 하늘은
처음의 마음과 달리
나를 비웃는 듯했다.

어떻게 했는지도 모
르게 촬영은 끝이 나고
나는 그만 도망치듯 숙
소로 들어왔다.

도대체 내가 무슨 짓을
한 거지?

부끄럽고 속상한 마음에 스스로를 자책하고 있는데 방으로 전화가 걸려왔
다. 프로그램 제작사 대표의 호출. 나에게 기회를 주기 위해 스케줄을 모두
변경하고, 함께 하면 후회하지 않을 거라고 믿음을 주었던 바로 그 프로덕션
의 대표다.

의기소침해진 모습으로 방에 들어서자 다짜고짜 내게 대본을 주며 한 번
읽어 보라고 한다. 그날 낮의 촬영을 보고 난 후 이대로는 안 되겠다 싶었던
것 같다. 나는 떠듬떠듬 대본을 읽어 내려갔다. 그런 내가 답답한지 옆에서
이런저런 말로 코치도 해주고, 중간 중간엔 인상도 구겨진다. 나는 너무나 자
존심이 상하고 속상했지만 꾹 참고 하라는 대로 계속 대본을 읽었다.

툭, 투둑.

갑자기 눈물이 쏟아졌다. 이래봬도 시합장에 나가면 투어를 뛰는 프로고
사람들에게는 프로님 소리를 듣는 나인데, 방송은 왜 한다고 나서 가지고는
여기서 이렇게 망신을 당하고 있나. 낮부터 꾹 참고 있던 서러움이 복받쳐

왔다.

그런 모습에 당황한 대표님이 진땀 흘리며 달래 주었지만 이제 막 터진 울음은 좀처럼 그칠 줄 몰랐고 결국 나는 내 방으로 돌아가 기분을 진정시킬 수밖에 없었다. 당시에는 내가 속상한 것밖에는 생각하지 못했는데 뒤늦게 떠올려 보니 그 상황이라는 게 좀 묘하다. 젊은 여자가 남자 방에서 울고 나왔으니 모르는 사람이 봤으면 오해할 수도 있겠다 싶다. 그때 나를 울게 만든 그 분이 지금 내가 소속사로 있는 피앤에프위너스의 대표다. 몇 년의 시간이 흐른 후 지금은 술자리에서 소속사 대표와 그때의 이야기를 나누며 한참을 웃곤 한다.

어쨌든 그 날 이후로도 나는 촬영이 시작됐다는 표시로 카메라에 빨간 불이 켜지면 허둥지둥 한참을 NG 속에서 헤맸다.

방송은 생각만큼, 아니 그보다 훨씬 더 어렵고 간단하지가 않았다. 대본을 외우는 것부터 카메라 앞에서 행동하는 것 하나하나까지 나에게는 쉬운 게 하나도 없었다. 특히 방송을 하면서부터 발음이 부정확하다는 지적을 받은 나는 마치 아기가 처음 말을 배우듯 발성부터 발음까지 하나하나 새롭게 익혀 나갔다.

먼저 입에 연필을 물고 또박또박 발음하는 연습을 했다. 그리고 큰 소리로 책을 읽으며 발성을 연습했다. 책을 얼마나 크게, 얼마나 많이 읽었는지 목이 다 쉬었을 정도다. 거울에 비친 내 눈을 바라보며 카메라에 시선을 고정하는 연습 또한 잊지 않았다.

정말 열심이었다. 과거에 프로가 되기 위해 그랬던 것처럼 말이다. 이것은 또 다른 프로가 되기 위한 도전이라고 생각했다. 필드 위가 아닌 카메라 앞에서의 프로 말이다.

그리고 2007년, 기다리고 기다리던 방송 제의를 받고 덜컥 맡기로 했던 「라이브 레슨 70」의 첫 생방송 날. 나는 며칠 전부터 잠을 이룰 수가 없었다. 녹화는 NG가 나면 다시 할 수라도 있었지만 이건 전혀 상황이 달랐다. 말 그대로 생방송인 것이다.

"5분 후에 방송 시작합니다."

그동안 연습한 발음도, 발성도 생방송이라는 단어 앞에서는 모두 무용지물이 되는 것만 같다. 몸은 후들후들 떨리고 심장은 또 어찌나 쿵쾅거리는지…….

하나, 둘, 큐!

신호와 함께 ON AIR에 불이 들어 왔다.

NG가 있었다면 나는 또다시 20번의 기록을 세웠을지도 모른다. 분명 내가 말을 하고 있는 것 같긴 한데 도대체 무슨 얘길 하는지도 모르겠고 만약 누군가 나를 살짝 건드린다면 그대로 툭 쓰러질 듯이 덜덜 떨고 있었다.

「라이브 레슨 70」을 '라이브 레슨 칠공'이라고도 했다가 '라이브 레슨 칠십'이라고도 했다가……. 영원할 것만 같던 70분간의 생방송은 그렇게 끝이 났다.

하룻밤을 자고 나니 생방송을 진행했다는 것이 더욱 꿈처럼 느껴졌다. 아니 꿈이기를 바랐을지도 모른다. 이게 웬 전국적인 망신이란 말인가.

'이대로 첫 방송이 마지막 방송이 되는 건 아닐까? 그동안의 연습은 헛것이었나? 내게 약속을 지키려 했던 그 PD는 나 때문에 곤혹을 치르고 있는 것은 아닐까?'

이런저런 생각에 머리가 터지기 일보 직전, 내가 걱정하고 있던 바로 그 김범수 PD에게서 연락이 왔다.

"생방송 처음 치고는 잘했어요. 몇 주 더 하다 보면 금방 익숙해질 테니까 우리 같이 열심히 해봅시다."

"네! 이왕 이렇게 시작한 것 열심히 해볼게요. 많이 도와주세요!"

이때의 기분이란 음…… 마치 똑딱이를 연습하던 골퍼가 풀스윙을 성공시켰을 때의 그런 짜릿함이랄까?

프로들이 시합을 위해 끊임없이 노력하듯, 방송에서도 더 나은 모습을 위한 연습은 끝이 없다. 간혹 방송 중에 말문이 탁 막힐 때가 있는데 현장에서 대본에 없는 예상밖의 질문을 받았을 때 그런 경우가 종종 있다. 그런 진땀나는 경험을 겪은 후에는 책을 가까이 하기 시작했다. 대화에 필요한 상식, 응당 갖춰야 할 지식이 부족하다는 느낌 때문이다.

방송을 시작한 지도 올해로 벌써 9년차. 나는 생각한다. 시간이 약이라는 말이 있지만 일을 할 때만큼은 시간이 아무리 지난다고 해도 거저 이루어지는 것은 없다고. 사람의 노력이 시간만큼 쌓여야만 결과도 있는 법이라고.

이제 익숙해질 만도 한데 여전히 나는 ON AIR에 불이 켜지면 몸이 굳어진다.

그것은 기존의 두렵고 떨리는 마음이 아니다. 약간의 긴장감과 함께 온몸의 세포가 하나하나 생기를 얻는 듯한 설렘이다. 불과 7년 전, 날 좌절감에 빠트렸던 공포의 빨간 불이 말이다. 이 기분 좋은 변화는 바로 이곳이 내가 있어야 그 곳이기 때문이 아닐까?

+

# 프로와 프로 사이

2006년 여름, MBC 골프 중계석으로부터 '코스 코멘테이터' 제의를 받았다. 이름도 생소한 '코스 코멘테이터course commentator'는 말 그대로 코스 해설가다. 직접 코스에 나가 선수들의 분위기, 경기 흐름 등을 생생하게 현장 중계하는 것이다.

필드에 시합이 아닌 방송을 위에 나간다? 굉장히 어색하고 낯선 일이었지만 한편으로 꽤나 신선하고 매력적인 제안으로 다가왔다. 그렇게 해서 나는 2006년 하반기부터 MBC 골프 중계의 코스 코멘테이터로 활동을 시작했다. 바로 1년 전인 2005년까지 투어를 뛰어온 나였기에 중계를 하기 위해서 코스로 나가면 다른 프로들이 "어? 시합하러 온 거야?"라고 묻곤 했다.

"아니, 이번에 내가 코스 코멘테이터로 활동하게 돼서 중계 때문에 왔어"

동료 프로들에게 이렇게 대답하며 돌아서는데 왠지 모르게 씁쓸한 기분이 들었다. 불과 얼마 전까지만 하더라도 함께 필드를 누비던 동료들이 갑자기 멀게만 느껴졌다. 클럽을 들고 있는 그들과 마이크를 잡고 있는 나 사이에는 어느새 보이지 않는 벽이 생긴 듯했다. 아마도 그때 나는 그들과 달라진 나의 위치에 '자격지심'이 생기지 않았나 싶다. 시합에 참가하는 선수들 앞에서는 나도 모르게 약간 주눅이 들었고, 얼마 전까지만 해도 선후배로 지내던 동료들 옆에 다가가는 것이 쉽지 않았기 때문이다. 거리를 보고, 방향을 살피고, 선수들의 샷 하나하나를 지켜볼 때마다 혹시 내가 있어야 할 곳은 저 곳이 아닐까, 혹시 내 선택이 틀렸던 것은 아닐까 하는 생각이 들기도 했다.

그 시기는 내게 있어 정체성 변화에 대한 혼란기와도 같았다. 골프를 처음 시작했던 1994년 이후 쭉 한길만 바라보고 달려 온 나다. 그런 내게 있어서 이제 막 시작하게 된 방송은 인생의 자극제, 활력소와 같은 것이었지만 골프 선수로서가 아닌 다른 길을 간다는 것은 쉽게 적응되지 않는 것이었다. 스스로의 선택에 대한 확신이 없었기에 자격지심과도 같은 몹쓸 감정에 휘둘렸던 것이 아닐까?

하지만 이렇게 주눅 들어 망설이고 있는 건 전혀 한설희답지 않다. 어린 시절, 막연하게 골프를 선택하고 지금껏 믿고 달려왔듯 이제는 필드가 아니라 방송을 선택함에 있어 그 선택을 믿고 후회 없이 달릴 때다. 나는 내 자신에게 조금 더 용기를 내기로 했다.

코스 코멘테이터로서 나의 역할은 선두 조와 함께 이동을 하면서 볼이 놓인 위치의 상태, 바람의 방향, 몇 미터 지점에서 어떤 클럽을 사용하는지 등을 중계하는 것이었다. 스튜디오에서 화면을 보며 중계하는 것보다 더욱 디테일한 내용을 생생하게 전달할 수 있었다.

이런 현장 중계를 보다 원활하게 진행하기 위해 나는 사전 준비를 꼼꼼히 하기로 했다. 먼저 경기가 시작되기 한 시간 전에 미리 코스에 나가서 오늘의

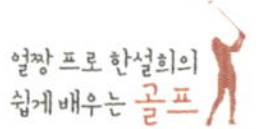

홀 위치를 하나하나 체크하고, 동서남북 방향에서 공을 굴려 보며 그린의 라인을 파악해 코스 북을 만들었다. 코스 체크가 끝나면 이제 연습 그린으로 가서 선수들의 컨디션은 어떤지 한 명 한 명과 대화를 나눈다. 대화의 시작은 언제나 나의 인사말로 시작됐다.

"안녕하세요, 프로님. 저는 한설희라고 하는데요. 저도 KLPGA 정회원 프로예요."

혹시라도 나를 모르는 어린 선수들이 내가 리포터가 아닌 같은 길을 걸었던 동료라고 생각하면 마음을 조금 더 쉽게, 보다 빨리 열 수 있지 않을까 하는 생각에서였다. 이렇게 짧은 대화를 마무리 짓고 나면 마지막으로 주의 깊게 살펴야 할 선수들에게 찾아가 페어웨이 우드는 몇 번을 사용하는지, 웨지는 몇 도를 가지고 있는지 체크를 마친다.

전지훈련을 알차게 보냈을 때 다가오는 시합에 자신이 넘치듯, 방송 역시 준비를 꼼꼼히 하면 할수록 자신감이 생겼다. 그렇게 한 번, 두 번…… 중계 횟수가 늘어갈수록 클럽 대신 마이크를 잡고 있는 내 자신에 익숙해지기 시작했다.


그 날은 비가 왔다.

지은희 선수가 속한 조와 함께 이동을 하는데 지은희 선수가 내게 다가오더니 "언니, 비 오는데 왜 우산도 안 써요?" 하며 자기가 쓰고 있던 우산을 내 쪽으로 내민다.

"우산 쓰고 있으면 우산에 비 떨어지는 소리가 마이크를 타고 들어가기 때문에 우산 못 써."

비로소 나는 확실히 알게 되었다. 우리가 서 있는 우산의 안과 밖. 이것이 바로 각자의 자리다. 선수들은 최상의 컨디션과 최고의 기량, 최선의 플레이를 위해 우산 속에 있다. 나는 보다 완벽한 방송, 최적의 방송 환경을 위해 우산 밖에 서 있다. 서 있는 곳이 다르다고 해서 무엇이 더 낫거나 무엇이 더 부족하거나 한 것이 아니다. 그저 우리는 각자 추구하는 목표가 다를 뿐이었다. 나는 내가 서 있을 자리를 확실히 인지하며 프로들에게 다가가기 시작했다.

내가 코스 코멘테이터를 시작한 2006년은 신지애 프로와 안선주 프로가 투어 프로로 정식 데뷔하던 해이기도 하다. 프로 데뷔 해부터 무수한 기록을 세우며 성장하는 그녀들을 나는 중계를 통해 보다 가까이에서 지켜볼 수 있었다. 코스 코멘테이터를 하면서 좋았던 점 중에 하나가 바로 프로들과 페어웨이를 함께 이동하며 이런저런 이야기도 나누고 친분을 쌓을 수 있던 점이다. 나는 때론 시청자의 입장에서 궁금한 내용들을 질문하고, 때론 선배의 입장에서 다독이기도 하며, 또 때로는 팬의 입장에서 그녀들을 있는 힘껏 응원했다.

신지애 프로는 무서운 강심장, 필드 위의 포커페이스, 역전의 명수 등등 언론에서 표현하는 딱딱한 수식어와는 달리 실제로는 언제나 '싱글벙글'이다.

어느 날은 그녀가 짧은 퍼트를 놓쳤다. 평소라면 놓치지 않았을 법한 거리였다. 홀이 끝나고 이동하는 중 나눈 우리의 대화.

"지애야, 아까 긴장했었어?"

"아니오. 퍼팅을 딱 하려는데 갑자기 벌이 날아들어서 깜짝 놀랐어요. 어디서 날아온 건지, 원."

원치 않게 한 타를 잃은 상황이었지만 대수롭지 않게 웃어넘기는 것이 아

닌가. 그리고 그 다음 샷에서 특유의 집중력을 보이며 실수를 만회했다. 이래서 다들 강심장이라고 부르는구나. 탁월한 마인드 컨트롤로 주어진 상황을 다스리는 신지애 프로. 만약 필드에서 프로 대 프로로 만났더라면 그녀는 너무나도 강력한 경쟁자이기에 지금처럼 말도 편히 못 붙였을지도 모르겠다.

코스 코멘테이터를 하면서 만난 안선주 프로 역시 필드 정상에 선 TOP 프로였지만 내게는 사람 좋고 털털한 동생 같은 프로다.

3년 전 그 날도 선두 조에 있던 안선주 프로와 함께였다. 앞 팀이 밀린 관계로 우리는 잠시 18번 홀, 티 박스 옆에서 대기하며 가벼운 수다를 나누고 있었다. 그때 수신기를 통해 내게 들어온 중계석의 목소리.

"안선주 프로, 현재 2타 차 선두입니다."

현장에서 그 소식을 아는 사람은 나뿐이었다. 만약 그 상황에서 방송만을 생각했다면 "안선주 프로, 지금 선두를 달리고 있습니다. 심경이 어떻습니까?" 혹은 "현재 2타 차 선두인데 우승을 예상하고 있습니까?" 이런 질문을 했을지도 모르

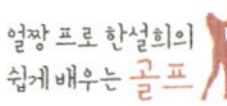

겠다. 하지만 누구보다 마지막 홀의 부담감을 잘 아는 내가 아무것도 모른 채 그저 '오늘 컨디션이 좋아 공이 잘 맞는구나' 생각하는 안선주 프로의 해맑은 기분에 부담을 얹어 줄 수는 없는 일이었다.

한 샷, 한 샷의 두근거림은 고스란히 내 몫으로 남겨 둔 채 경기는 진행됐다. 마지막 퍼팅이 홀로 빨려 들어가고 우승이 확정되는 그 순간, 나는 마치 내가 우승이라도 한 것마냥 기쁨을 감출 수 없었다. 직접 투어를 뛰고 있던 그 때는 느낄 수 없었던 행복이다. 내가 아닌 다른 이의 우승을 이렇게 간절히 기다리고 마음껏 축하해 줄 수 있다는 것. 나는 더 이상 투어를 뛰는 프로는 아니었지만 누구보다도 그들의 마음과 상황을 잘 알고 있기에 다른 어떤 전문 방송인보다도 코스 코멘테이터로서의 역할에 충실할 수 있었다고 생각한다.

내가 진행하고 있는 「J GOLF 라이브 레슨 70」에서는 종종 투어 프로들이 출연해 레슨을 선보인다. 그 주는 2011년 KLPGA 대상, 상금왕, 다승왕을 차지하며 최고의 해를 보낸 김하늘 프로가 출연하기로 했다. 많은 분들이 기대하고 기다리는 만큼 김하늘 프로의 필드 노하우와 샷 비결은 소위 말하는 '대박 아이템'임이 틀림없었다.

하지만 필드에서 보여 주는 실력과 스튜디오에서 설명하는 레슨 사이에는 분명 차이가 있을 수 있다. 방송에서는 그에 걸맞은 충분한 전달력을 요구하기 때문이다. 김하늘 프로가 필드가 아닌 방송에서도 돋보이게 하기 위해서 나는 나만의 요령으로 그녀를 일깨운다.

방송 당일 대기실, 언제나처럼 환한 미소로 조우한 우리 두 사람.

"하늘아, 요즘 어떻게 지내?"

"언니~ 제가요, 이랬는데요~ 그래서요~ %&$#@&*."

"하늘아!"

"네."

"지금 나한테 얘기한 것처럼 이따가 방송할 때도 그렇게 얘기해."

"네?"

"카메라 앞에서 경직되면 목소리도 굳어지고 레슨도 잘 안 풀리니까, 지금처럼 편하게 대화하듯 말하라고. 알았지?"

내가 방송을 시작하면서 느꼈던 어려움, 보다 완성도 높은 방송을 만들기 위한 노하우. 이제는 그것을 전할 수 있을 만큼 내게도 여유라는 것이 생겼다.

방송을 처음 시작했을 때는 나도 모를 자격지심과 확신 없는 불안감에 방송이 마냥 즐겁지 않았지만 지금은 너무나 즐겁다. 생각이 바뀌었기 때문이다. 투어를 뛰는 프로들은 자기의 위치에서 최고가 되기 위해 훈련을 받고 경기를 치를 것이며 나는 그들이 경험하지 못한 또 다른 분야에서 최고가 되기 위해 열심히 노력하며 카메라 앞에 설 것이다.

나는 예전과 같은 프로가 아니었지만 지금의 나 역시 프로 한설희다.

+

# 산전수전 테마골프여행

2007년, 「라이브 레슨 70」을 시작할 무렵 나는 「테마골프여행」이라는 프로그램을 만나게 된다. 「테마골프여행」은 해외의 골프장을 소개하며 주변의 먹거리, 볼거리 등을 함께 전하는 골프 여행 프로그램이었다. 여행을 좋아하는 나는 더 들어 볼 것도 없이 단번에 출연을 결정! 방송도 하면서 여행도 할 수 있다니 이 얼마나 즐거운 일인가? 큰 걱정도 고민도 없이 촬영지에 따라 나섰다.

골프를 시작했을 때도 그렇고, 3년 만에 투어 프로로서의 생활을 접을 때도 그렇고 어쩜 그리도 나는 매사를 복잡하게 생각하지 않고 단순화시키는 재주가 있는지…….

언제나 그렇듯 이번 촬영 역시 생각 이상으로 훨씬 더 어려웠다. 「라이브 레슨 70」이 스튜디오에서의 매끄러운 진행, 생방송의 긴장감 극복 등을 필요로 했다면 「테마골프여행」에서는 보고, 듣고, 맛보고, 경험하며 그것들을 온몸으로 표현해야 했기 때문에 적극적인 액션과 풍부한 표현력이 요구됐다.

전자도 어려웠지만 후자 역시 만만치 않은 일.

　첫 촬영지는 태국 푸켓에서도 스피드 보트를 타고 2시간 정도 더 들어가야 만날 수 있는 '시밀란 섬'이었다. 9개의 섬으로 이뤄진 시밀란 섬은 태국 왕실의 별장이 있을 정도로 빼어난 경관을 자랑하며, 특히 전 세계 다이버들에게 사랑받을 만큼 환상적인 바다를 지니고 있었다. 나의 첫 번째 임무는 이렇게 아름다운 자연을 보며 대본으로 정해진 멘트가 아닌 진솔한 느낌 그대로를 표현하는 것이었다.

　섬에 도착했을 때는 마침 해가 하늘 높이 떠 있어 바닷물이 짙은 청색에서 너무나 맑고 투명한 에메랄드 빛으로 변해 있었다.

　"와~~~!!!!"

　모든 스텝들이 함성을 지르며 감탄하는 순간, 그때를 놓칠세라 담당 PD가 나에게 지금 우리 눈앞에 보이는 모습을 표현해 보라고 한다.

　만약 지금의 나와 같으면 "바닷물이 투명한 에메랄드 빛으로 물들었습니다. 지금까지 이렇게 아름다운 바다는 처음이에요. 어쩜 이렇게 예쁜 색이 만들어질 수 있죠? 자연의 아름다움이란 우리가 상상하는 그 이상입니다."라고 카메라를 보며 표현했을 것이다. 하지만 그때 내가

할 수 있는 말이라고는 "와~ 바다 색깔 봐요. 장난 아니다."

첫날의 촬영으로 이전에는 경험하지 못한 새로운 난관에 봉착한 나는 그 후로 카메라 뒤에서 얼마나 혼잣말을 하고 다녔는지 모른다.

"저기 저 나무를 좀 보세요. 정말 키가 훤칠하죠? 이곳은 보이는 풍경만큼이나 공기조차도 이국적입니다. 오늘 아침은 특별히 한식이 준비되었다고 하는데요, 향수병에 걸린 누군가에게는 아마도 고마운 선물이 될 것 같네요."

「테마골프여행」은 말 그대로 여러 나라를 여행하며 특별한 볼거리와 새로운 즐거움을 전달해야 했다. 물론 촬영에 임하는 우리에겐 단순한 여행이 아니었지만…….

다음 촬영지는 중국. 중국에는 우리가 알다시피 정말 상상하지도 못할 만큼 많은 음식, 그리고 여러 종류의 음식들이 존재한다.

하루는 시장 탐방에 나섰다.

장의 백미는 뭐니 뭐니 해도 길거리 음식. 중국의 길거리 음식은 대륙의 규모만큼이나 스케일이 달랐다. 노점상마다 바퀴벌레, 전갈, 뱀, 개구리, 메뚜기, 지네 등이 한가득이었다. 상상을 초월한 그 재료들은 모두 기름에 먹음직스럽게(?) 튀겨져 있었다. 과연, 이걸

먹을 수 있을까 의심을 하던 찰나.

"자, 지금부터 이 중에 하나를 골라서 먹어 볼게요."

지금 저 PD가 무슨 소릴 하는 거지? 우린 구경만 하는 것이 아니었나?

이런 불만도 잠시, 우리는 현지의 볼거리, 먹거리, 즐길 거리를 '생생'하게 전달해야 한다는 프로그램의 취지 하에 결국 선택을 해야 했고 잠시 후, 함께 진행을 맡았던 남자 MC와 나는 메뚜기 뒷다리를 사이좋게 뜯어 먹었다.

이제 에피타이저를 먹었으니 본식이 남았겠지?

길을 걷다 보니 어떤 음식점 앞에 사람들이 길게 줄을 서서 기다린다. 여기가 분명 맛집이구나 싶어 우리는 호기심 반, 기대 반으로 그 집의 메뉴를 촬영하기로 했다.

그 인기 많은 메뉴라는 것은 이러했다. 약간 오래 삭힌 듯한 두부를 작게 잘라 기름에 넣고 튀긴다. 그런데 그 기름이라는 것이 색이 아주 꺼메서 시작부터 느낌이 썩 좋지 않았다. 그 곳의 주인장은 다 튀긴 두부를 작은 그

룻에 담고 이것저것 양념을 넣어 뒤섞더니 우리에게 건넨다. 일단 줄을 서서 기다리는 곳이니 맛은 있겠지 싶어 작은 두부 조각을 한입에 쏙 넣었다. 윽…… 말로 표현할 수 없는 그런 요상한 맛이 입안 가득 느껴진다. 분명 입맛의 차이겠지만 내 취향이 아닌 것만은 분명했다. 뱉고 싶은 마음이 굴뚝같았지만 지금은 촬영 중.

"아, 정말 맛있네요. 음…… 색다른 맛이에요. 사람들이 줄을 서서 기다리는 이유를 알겠어요."

마음에도 없는 말로 겨우 촬영을 마친 후 나와 남자 MC는 한동안 입을 헹궈내느라 바빴다. 그 모습을 한참 지켜보던 담당 PD, 결심한 듯 이렇게 말한다.

"다시 한 번 갑시다. 대신 지금 느낌 그대로 리얼하게 표현하면 어떨까요? 맛이 없다라고 단정 지을 수는 없지만 입맛의 차이는 표현할 수 있지 않겠어요?"

사람이 하고 싶은 것만 하면서 살 수는 없다. 그것이 옳은 일일 때에는 아무리 어렵고 힘든 일이라 할지라도 해야만 하며, 그것이 책임감을 수반할 때에는 더더욱 그러하다. 그것이 비록 나의 희생을 요구하는 일일지라도…….

그로부터 10분 후…… 나는 또다시 오랫동안 입을 헹궈야만 했다.

굿샷을 위해서 프로들이 수개월, 수십 시간을 땀 흘리며 노력하듯 방송 역시 만족스러운 한 컷을 위해 보이는 곳보다 보이지 않는 곳에서 훨씬 더 많은 것이 할애된다. 우리가 무심코 지나치는 한 장면을 위해, 웃고 떠들며 흘려보내는 한 장면을 위해 보이지 않는 곳에서 많은 사람들이 최선을 다해 애쓰고 있다는 것을 기억해 주었으면 좋겠다.

나는 오늘도 TV 앞에 서서 한 장면 한 장면에 마음으로부터 박수를 보낸다. 누군가 내 모습을 보며 그러해 주기를 바라는 마음으로.

# 짜릿한 외도? 특별한 외출!

매일 같은 식단을 마주한다면 누구나 특별한 외식을 하고 싶을 것이다. 매일 같은 스케줄의 하루를 보내고 있다면 누구나 짜릿한 외출을 하고 싶을 것이다. 일상에서의 무료함을 느낄 때 쯤 내게 아주 특별하고 짜릿한 외도(?)의 기회가 찾아 왔다. 이름하야 예능 나들이! 설 특집 「두근두근 사랑의 스튜디오」가 나의 첫 외도 상대였다.

방송의 콘셉트는 방송인 남자 4명과 엄친딸 4명의 만남! 또 다른 나의 모습을 보여 주는 것도 좋을 것 같다는 생각에 덥석 그 기회를 잡았다. 그리고 이어진 스타일리스트 그리고 담당 작가들과의 미팅 또 미팅. 짧은 시간 내에 출연자들의 매력을 집중적으로 소개해야 하기 때문에 릴레이 회의는 필수였다.

프로그램 내용에 대해 얘기를 나누던 날이었다. 방송 중 한 명씩 나와서 장기자랑 하는 시간이 있는데 운동선수인 내가 조금 발랄한 느낌으로 춤을 추면서 트로트를 불러 보면 어떠냐고 묻는다. 노래도 불안한데 춤까지? 어렸을 때부터 나무처럼 뻣뻣하다고 놀림 받던 내가 춤을 춘다니 감히 상상조차 할 수가 없었다. 하지만 애초에 나의 색다른 모습을 보여 주기 위해 출연을 결심한 것 아닌가? 그날부터 나는 마치 시험 공부하듯 춤과 노래 연습에 열중했다. 내가 불러야 할 노래는 가수 홍진영의 「사랑의 배터리」.

"나를 사랑으로 채워줘요~ ♬ 사랑의 배터리가 다 됐나 봐요~ ♪"

노래도 노래지만 역시나 예상대로 몸이 마음처럼 움직여 주질 않았다. 연습을 하면서 카메라로 찍은 내 모습을 보니 이건 춤이라기보다는 학예회 율동 같은 분위기라고나 할까? 그때부터 더욱 강도 높은 연습에 돌입! 내 방 거울 앞에서 얼마나 많은 연습을 했는지 모르겠다.

드디어 방송의 첫 녹화 날. 수영장에서 출연자들과 첫 만남을 하고 토크를 이어가는 것이었다. 낯선 출연자들과 낯선 스탭들이 너무 어색했지만 이왕 나온 것 카메라에 얼굴이라도 더 잡히자라는 마음에 남자 출연자들에게 질문도 많이 하고 재미있게 촬영을 마쳤다. 첫 촬영 느낌은? 방송은 골프나 예능이나 쉬운 것 하나도 없다!

다음 날은 드디어 스튜디오에서의 촬영.

아침 일찍 일어나 메이크업을 받고 일산 녹화장으로 향했다. 골프와 관련 없는 일로  방송국에 가는 것은 처음이었고 그만큼 떨리고 긴장이 됐다.

본 녹화에 앞서 거쳐야 하는 리허설 시간, 내 리허설의 주제는 당연히 「사랑의 배터리」. 처음 서보는 무대에서 가수도 연예인도 아닌 내가 많은 스탭들을 앞에 두고 노래를 시작했다. 손짓 발짓하며 겨우 무대를 마치고 내려오니 누군가 다가와 "프로님, 프로님인 줄 몰랐어요. 완전 깜짝 놀랐어요." 한다.

여기서 나를 알아보는 사람이 있다니, 누구지? 주위를 살펴보니 아는 얼굴이 하나둘 보이기 시작한다. MBC 해설위원으로 활동하면서 만난 카메라 감독님들이다. 창피함에 귀까지 벌겋게 달아오른다.

"예쁘게 잡아 줄 테니까 긴장하지 말고 잘해요~ 파이팅!"

내가 이걸 왜 한다고 했을까? 자고로 송충이는 풀잎을 먹어야 하는 법!

설 특집 「두근두근 사랑의 스튜디오」의 진행은 대한민국 대표 MC, 개그맨 신동엽 씨가 맡았다. 개인적으로는 전혀 친분이 없었지만 TV에서 볼 때마다 '역시 방송인은 다르구나' 싶을 정도로 위트 있는 입담, 물 흐르듯 자연스러운 진행 능력은 참 대단하다 생각하고 있었다.

녹화를 앞두고 자리에 앉아 긴장감을 다스리고 있는데 신동엽 씨가 내게 다가와 "방송 잘 보고 있어요."라고 말을 건다. 천하의 신동엽이 내 방송을 본다고? 평소 골프를 너무 좋아해서 내가 진행하는 「라이브 레슨 70」을 처음부터 봐 왔다고 한다. 그러면서 하는 말.

"한프로님, 방송 진짜 많이 늘었어요. 「라이브 레슨 70」 초창기 때는 너무

라
다
나
가

사랑의
스튜디
영희

어색해서 보는 내내 불안불안했었는데 지금은 전문 방송인 다 됐어요. 너무 잘하세요."

기분이 정말 좋았다. 그가 누군가? 내로라하는 방송 전문인 아닌가? 그런 사람에게서 칭찬을 받는다는 것, 그리고 그런 유명인이 나의 방송을 즐겨 본다는 것이 이처럼 짜릿하고 기분 좋은 일일 줄이야.

그래, 이 기분 그대로 오늘 방송도 멋지게 잘하는 거야!

째깍째깍 시간은 흘러 어김없이 장기자랑 시간이 찾아왔다. 그런데 하필 내 바로 앞 순서가 발레리나의 발레 공연이 아닌가! 우아한 발레 다음에 신명나는 트로트라니…… 운명의 장난도 이렇게 짓궂을 수는 없다. 속으로 이런 쓰디쓴 원망을 내뱉으며 백댄서들과 함께 무대에 섰다. 드디어 간주가 흘러나오고 나의 전매특허인 율동(?)과 함께 노래 스타트!

본 녹화에는 노래와 춤 이외에 비장의 카드가 준비되어 있었다. 노래 중간 남자 출연자들에게 각기 다른 색깔의 골프공을 선물로 주는 것이었다. 만약 나와 파트너가 된다면 평생(?) 레슨을 책임져 주겠다는 나름의 출사표였다. 얼마나 시간이 흘렀을까? 손발의 감각이 점점 사라질 무렵 준비된 이벤트와 함께 무대는 무사히 끝이 났다. 쥐구멍이라도 있었다면 냉큼 숨어 버렸을 것이다.

고비를 넘기고 나니 이제 남은 건 단 하나, 선택의 시간에 외기러기가 되지 않는 것뿐이었다. 남자 출연자인 아나운서, 가수, 연기자, 모델 중에서 내가 선택한 사람은 아나운서였다. 제발, 제발…….

율동에 심취한 최고령(?) 여성 출연자였던 나는 폭탄이 되면 어쩌나 걱정을 했는데 다행히도 아나운서와 「두근두근 사랑의 스튜디오」에서 커플이 되

었고, 그렇게 첫 예능 나들이는 해피엔딩(?)으로 마무리되었다.


　2011년, 나는 또 한 번의 새로운 외출을 감행했다. 촬영을 위해 떠난 곳은 전라남도 해남에 위치한 파인비치C.C.

　이번엔 방송이 아닌 CF 촬영이다!

　지난 설 특집 방송에서 나의 장기자랑 속에 진행된 '컬러 볼' 이벤트를 보시고는 (주)볼빅의 문경안 회장님께서 직접 CF 주인공으로 나를 지목하신 것이다. 이런 기막힌 우연은 또 다른 인연이 되어 나는 생애 첫 CF 나들이에 나서게 되었다.

　촬영은 너무너무 즐거웠다. 정해진 연기를 하기란 어색한 일이었지만 내가 CF에 나온다는 것은 마냥 신기하고 즐거운 작업이었다. 그 중에서도 가장 기억에 남는 촬영은 LPGA 투어에서 활동하고 있는 배경은 프로와 KPGA 투어의 정재훈, 이민창 프로가 함께하는 촬영이었다. 비록 촬영 중이었지만 나는 그들과 함께 있다는 것만으로도 다시 투어 프로로 돌아간 듯한 기분이 들었다.

하지만 촬영이 마냥 즐겁기만 하면 얼마나 좋을까. 이번엔 날씨가 말썽이다. 아침부터 날씨가 꾸물꾸물하더니 오후가 되면서 비가 내리고 추워지기까지 했다. 비록 4월 중순이긴 했지만 바닷가에 인접한 해남 파인비치 C.C.의 날씨는 우리를 추위에 떨게 하기에 충분했다. 거기다 촬영용 의상은 죄다 여름의상인 짧은 치마에 반팔 티셔츠. 누가 봄에 동상 걸렸다는 말을 들어본 적은 없었지만 그 당시 나는 그에 버금가는 생생한 추위를 경험할 수 있었다.

첫 CF 촬영의 혹독한 신고식을 마친 후 한 달 정도가 지났을까? TV 속에서 환하게 웃고 있는 나를 발견했다. 고생했던 기억은 잠시뿐, 짧지만 강렬했던 CF로의 외출은 두고두고 회자될 나의 소중한 추억이 되었다.

처음 예능과 CF에 출연하기로 결정했을 때 두 가지 마음이 있었다. 뭔가 새로운 경험을 해보고 싶다는 것, 그리고 나를 알고 있는 사람들에게 또 다른 모습을 보여 주고 싶다는 것! 이 두 가지를 모두다 이뤘으니 이만하면 성공적 아닐까? 자, 그럼 이제 다음번엔 어떤 모습을 시도해 볼까?

## 비거리가 뭐기에

2007년부터 지금까지 「J GOLF 라이브 레슨 70」을 진행하면서, 또 많은 골퍼들과 라운드를 하고 레슨을 하면서 나는 아마추어 골퍼들의 공통점을 하나 발견했다.

바로 성별, 나이 불문하고 '가장 받고 싶은 레슨 1위'가 하나같이 드라이버 샷 비거리 늘리기라는 것이다.

비거리에 대한 욕심, 과연 그 끝은 어디일까?

몇 년 전, 어르신들께 원 포인트 레슨을 해드리기 위해 실버타운을 방문한 적이 있다. 내가 도착한 곳은 실버타운 안에 위치한 실내 연습장이었다. 나를 기다리며 의자에 빙 둘러앉아 계신 분들 모두 연세가 평균 75세는 족히 넘어 보였다. 많은 레슨 행사에 다녀봤지만 이렇게 고령의 어르신들을 상대로 하는 레슨은 처음인 듯 싶었다.

나는 레슨에 앞서 항상 하던 대로 한 분 한 분의 구력과 핸디캡을 여쭤보고 어떤 부분이 잘 안 되는지, 어떤 부분을 고치고 싶은지에 대해 질문했다.

그 자리에 계신 분들의 구력은 대부분 내 나이보다도 많은 듯했다. 그 중에서 한 어르신이 천천히 걸음을 옮겨 내 앞으로 오신다. 백발 머리에 허리도 약간 구부정하시고 말씀하시는 것조차 조금 힘들어 보이는 그 분은 딱 보기에도 30여 명이 모여 계신 그 안에서 최고령으로 보였다.

"올해 연세가 어떻게 되세요?"라고 질문을 하니 당신은 올해 92세로 이곳 실버타운 골프 모임의 회장이라고 본인 소개를 하신다. 다시 "골프 하실 때 뭐가 가장 궁금하셨어요?"라고 여쭙자 그 분이 하시는 말씀. "거리가 너무 안 나가요."

이번엔 그분께 스윙하시는 모습을 부탁드렸다. 백스윙은 하프스윙 높이까지 올라가는 것조차 힘들어 보였고 임팩트 후에도 어깨 위로 팔이 올라가지 못했다. 그럼에도 그분의 가장 큰 고민은 비거리였다. 비단 그분뿐만이 아니라 그 곳에서 받은 질문의 대다수는 '거리가 많이 줄었어요.' '거리를 늘리려면 어떻게 해야 하나요?' '몸이 뻣뻣해져서인지 공이 잘 안 나가요'였다.

몇 가지 연습 방법을 알려 드리고 돌아오는 길, 한 가지는 확실해졌다. 비거리에 대한 욕심은 끝이 없다는 것!


비거리에 대해 욕심을 갖는 것은 당연하다. 하지만 나는 비거리를 늘리는 것보다 스코어를 줄이는 데 더 큰 욕심을 가지라고 말하고 싶다. 그 중 내가 골퍼들에게 강조하는 부분은 바로 쇼트 게임이다. 예를 들어 그린에 온이 되지 않았다. 이때 스코어를 잃지 않는 방법은 그 공을 어프로치 샷으로 핀 가까이 붙인 후 1퍼트로 마무리하는 것이다. 이렇듯 스코어와 직결되는 것은 비거리가 아닌 쇼트 게임임에도 불구하고 아마추어 골퍼들은 드라이버 샷 연습에만 열중한다. 물론 뻥뻥 소리와 함께 시원하게 날아가는 드라이버 샷을 보면 답답한 속도 뚫리는 것 같고, 비거리가 많이 나면 날수록 유리한 고지를 먼저 점령할 것만 같아서 연습하는 마음은 충분히 이해하겠다. 다만 정작 중요한 쇼트 게임은 지루하다, 오래 하면 허리가 아프다 등등의 핑계로 멀리하니 문제인 것이다.

여기 상금 랭킹 1위인 프로와 10위인 프로가 있다. 두 사람의 샷을 비교해 보자. 분명 두 사람 모두 어느 하나 손색없는 멋진 샷을 할 것이다. 하지만 정작 우승을 하느냐 우승권에서 멀어지느냐는 버디 퍼트 기회가 왔을 때 성공 확률이 얼마인지, 파 온 되지 못했을 때 어프로치 샷으로 파 세이브 할 수 있는 확률은 얼마인지에 따라 달라진다. 비거리가 아니고 말이다.

만일 90타의 벽을 깨고 싶은데 절대 안 깨진다고 말하는 아마추어 골퍼가 있다면 다른 것보다 쇼트 게임 연습에 시간을 조금 더 투자하라고 말하고 싶다. 파 온을 못해서 3온에 2퍼트로 보기를 기록했던 사람도 3온에 1퍼트로 파를 만들 수 있기 때문이다.

간혹 "남자는 뭐니 뭐니 해도 거리가 많이 나야지"라고 말하는 사람이 있다면 그냥 흘려들을 것을 권한다. 대답은 비거리가 아닌 스코어가 말해 줄 것이다.

# 홀인원

미국의 한 골프 전문지에 따르면 프로가 홀인원 할 확률은 1/3,000이고 아마추어 골퍼가 홀인원 할 확률은 1/12,000이라고 한다. 프로에게도 아마추어에게도 결코 쉽지 않은 확률이다. 때문에 홀인원을 실력보다는 운이라고 하는 것일지도 모른다.

천운이라 표현할 만큼 하기 어렵다는 홀인원이 내게는 고등학교 1학년 때 처음 찾아왔다.

당시 나는 춘천C.C.<sub>지금의 라데나C.C.</sub>에서 골프를 시작하고 꾸준히 훈련을 받고 있었다. 어느 날, 골프장을 운영하고 있던 두산 그룹의 회장님께서 멀리 서울로부터 내려오신다는 것이다. 회장님 내외는 골프 꿈나무 학생들과 함께 라운드 하길 원하셨고, 그 자리에는 나와 2년 아래의 후배가 함께하게 되었다. 내 인생에 골프라는 것을 시작할 수 있도록 도와주신 분들이기에 나는 더 좋은 모습을 보여드려야겠다는 생각뿐이었고 행동 하나하나마다 더더욱 긴장하지 않을 수 없었다.

시간이 얼마나 흘렀을까. 이제 우리는 후반 15번 파3홀 앞에 섰다. 아마도 그때 홀까지의 거리는 130m 정도였고 그린은 약간 오르막에 뒤 핀인 것으로 기억된다. 나는 6번 아이언을 잡고 평소 연습한 대로 힘껏 샷을 했다.

"어? 들어가는 것 아니야? 들어갈 것 같아!"

핀 쪽으로 날아가는 공을 보며 사람들은 격양된 목소리로 외치기 시작했다. 정작 샷의 주인공인 나는 아무 말도 할 수 없었고 그런 내 마음은 심하게 요동치는 심장 소리가 대신해 주고 있었다. 그린의 위치가 높아 공이 정말 홀에 들어갔는지 정확히 확인할 수 없었다. 우리는 누가 먼저랄 것도 없이 카트에 올라탔고 그린을 향해 속력을 냈다.

일단 그린 위에는 공이 없다. 나는 공이 그린 뒤로 넘어가지 않았을까 하는 생각에 조심스럽게 그린 뒤쪽을 먼저 살피기 시작했다. 설마 했는데 역시 없다. 그렇다면? 혹 이게 꿈이 아닐까, 꿈이라면 제발 깨지 않기를 바라며 조심조심 홀을 향해 걸어갔다. 홀 안에는 거짓말처럼 내 공이 있었다.

홀인원을 하면 3년간 행운이 따르고, 홀인원 하는 것을 보기만 해도 1년간 행운이 따른다고 한다. 함께했던 사람들은 모두 그 날의 행운에 크게 기뻐하며 그런 행운을 만들어 준 내게 고마워했다. 나는 홀인원을 했다는 사실보다 골프를 할 수 있도록 도와주신 분들께 조금이나마 보답했다는 사실이 더욱 기뻤다. 내게 있어 진짜 행운은 홀인원이 아닌 골프를 할 수 있다는 것이기 때문이다.

골프를 즐기는 수많은 골퍼들이 행운과 영광의 상징과도 같은 홀인원을 꿈꾸며 골프장을 찾는다. 하지만 그런 그들이 꼭 기억해야 할 것은 따로 있다.

홀인원을 할 수 있는 것도, 그리고 그것을 지켜보는 즐거움도, 동반자와 나누는 기쁨도 모두 골프라는 울타리가 있었기에 누릴 수 있다는 것을.

오늘도 골프장에 선 당신, 언제 올지 모르는 행운에 집착하기보다 주위를 둘러싼 아름다움, 라운드의 즐거움, 소중한 사람들과의 순간을 만끽하며 추억이라는 행운을 놓치지 않길 바란다.

내가 첫 홀인원을 한 라데나 C.C. 레이크 코스 6번 홀.

# 최악의 골퍼, 최고의 골퍼

사람들과 라운드를 하다 보면 그들에 대해 꽤 많은 것을 알게 된다. 각자의 실력, 스윙할 때의 습관, 초조할 때 나오는 버릇 등. 하지만 무엇보다 확실히 알 수 있는 것은 역시 성격이다. '뭐 이런 사람이 다 있어?'라고 생각할 만큼 매너 없는 사람, 미안할 만큼 동반자들을 배려하는 사람, 사람들과 어울리지 못하고 투명인간처럼 혼자만의 플레이에 집중하는 사람 등 많은 유형의 사람들이 있다. 그 중에서도 가장 기억에 남는 극과 극의 골퍼 두 명이 생각난다.

한 모임에 초대를 받아 동반 라운드를 하게 되었다. 시작하기 전 사람들과 인사를 나누는데 그 중 성격도 너무 좋아 보이고 말도 재미있게 하는 A라는 사람이 눈에 띄었다. 오늘 라운드가 참 재미있을 것 같다는 생각이 들었다.

드디어 시작된 첫 번째 홀.

"어디를 봐야 돼?"

"아, 저 나무 방향? 아니, 그 옆에 있는 나무?"

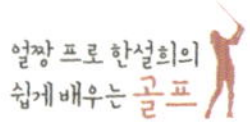

"저 나무 보라는 거지?"

A가 캐디에게 몇 번을 반복해서 물어보고는 티샷을 한다. 물론 코스를 잘 모르면 캐디에게 물어보는 것이 당연하다. 나 역시 그렇게 이해하고 넘어갔다. 그런데 A는 매 샷을 할 때마다 캐디에서 비슷한 질문을 반복하고 또 반복하고…… 옆에서 듣는 사람이 힘들 정도였다.

페어웨이에 들어서면 "지금 100m 남았다고? 아닌 것 같은데? 90m만 보면 될 것 같은데…… 아니야, 아니야. 95m는 봐야 하나? 아닌가? 100m는 봐야 하나?" 또 그린에 올라가면 "어디 봐야 돼? 오르막이야, 내리막이야? 홀 두 개 보라는 거지? 내리막이라고? 평지 같은데……." 공을 치기도 전에 힘이 다 빠지지 않을까 싶을 정도로 말을 너무 많이 하는 A였다. 슬슬 '이건 아닌데' 하는 생각이 들었다.

하지만 정작 내가 화가 났던 것은 그렇게 말이 많고 질문이 많은 것 때문이 아니었다. 플레이 도중 온 그린에 실패하면 "거리를 잘못 알려 줬잖아!" 그린 위에서 퍼팅이 실패하면 "라인이 이게 아니잖아! 똑바로 보긴 한 거야?"

이렇게 모든 책임을 캐디에게 돌리며 화를 내는 것이 아닌가! 당황한 캐디는 연신 "죄송합니다"라고 사과를 했지만 정작 사과할 사람은 누가 봐도 캐디가 아닌 A였다. 온 그린에 실패한 것은 더프나 토핑이 났기 때문이요, 퍼팅에 실패한 것은 캐디가 라인을 잘못 본 것이 아니라 자신의 퍼팅 스트로크가 잘못되어서인데 왜 엄한 캐디에게 책임을 물으려고 하는 건지 이해할 수 없었다.

"미안해요. 오늘은 운이 없다고 생각하세요. 옆에서 듣는 내가 오히려 미안하네요."

보다 못한 내가 대신 캐디에게 사과를 할 수밖에 없었다.

불쾌했던 라운드가 끝나고 함께 식사를 하는데 A가 내게 묻는다.

"프로님, 오늘 저는 왜 레슨 안 해주셨어요? 저는 고칠 게 없나요?"

"제가 중간중간 레슨 해드렸는데 혼자만의 플레이에 너무 집중하셔서인지 저를 쳐다보지도 않으시던데요?"

"제가요? 그럴 리가……."

나는 그 다음 말이 나오기 전에 벼르고 벼르던 말을 덧붙여 이야기했다.

"골프를 쳐보면 그 사람의 성격을 알 수 있다던데, 오늘 라운드 하면서 보니까 완벽한 걸 좋아하시나 봐요. 그래서인지 캐디도 잘 못 믿으신 것 같아요. 캐디가 봐주는 거리나 퍼팅 라인을 완벽하게 믿지 못하고 우왕좌왕하다 보니 생각지도 못한 미스샷도 많이 나오는 거죠. 그렇게 완벽한 플레이를 하시려면 혼자 하는 연습을 해보세요. 캐디에게 의지하다가 실패를 하면 캐디 탓을 하게 되는데요, 거리나 퍼팅 라인을 스스로 보게 되면 무엇 때문에 미스샷을 하게 되는지, 자신의 문제가 무엇인지를 더 빨리 아실 수 있을 거예요."

A에게는 물론 창피한 순간이었겠지만 그가 '라운드 자리에서 기피하고픈 꼴불견 골퍼'가 되기 전에 자신을 먼저 변화시킬 수 있는 뼈아픈 교훈이 되었길 바란다.

많은 아마추어 골퍼들이 캐디의 역할을 오해하고 또 무례하게 행동을 하는데 그런 골퍼들에게 다시 한 번 얘기해 주고 싶다. 캐디의 역할은 우리에게 조언을 해주고 도움을 주는 것이지 우리의 샷을 책임지거나 골퍼들이 전적으로 의지하는 그런 역할이 아니라는 사실이다.

예를 들어 캐디가 "훅 라인이고요. 홀 오른쪽으로 한 컵 정도 더 보고 치세요.”라고 말했다. 그런데 공이 홀로 들어가지 않고 홀 왼쪽으로 빠졌다. 그렇다면 캐디가 라인을 잘못 말해 준 것일까? 아니다. 골퍼가 임팩트 때 손목을 써서 퍼터 페이스가 닫혀 맞은 것이다.

매너가 좋은 골퍼와 라운드를 한다는 것은 정말 즐거운 일이다. 라운드를 하는 동안에도 내내 분위기가 좋고, 그러다 보면 언제 끝났는지도 모르게 18홀이 훌쩍 지나가 버린다. 매너가 좋은 골퍼들의 공통점은 사회적인 지위, 나이 막론하고 자신의 윗사람이건 아랫사람이건 똑같은 행동으로 대한다는 것이다.

내가 만난 B라는 사람은 바로 그러한 사람이었다. 라운드 전 간단한 식사를 하기 위해 클럽하우스로 갔을 때의 일이다. 만나는 직원마다 “감사합니다” “고맙습니다”라는 말을 너무나 자연스럽게 건넨다. 무언가를 의식해서 하는 말이 아니라 몸에 배서 무의식적으로 자연스럽게 나오는 행동이었다. 라운드를 나가서도 마찬가지. 캐디의 명찰을 먼저 확인하고는 “○○씨, 오늘 라운드 잘 부탁해요. 내가 좀 못 치더라도 이해해 주세요”라고 말한다. 내가 먼저가 아닌 상대방을 먼저 매려하는 행동, 이러한 매너는 동반자들에게도 기분 좋은 전염이 되어 그날은 내내 화기애애한 분위기에서 말 그대로 즐기는 라운드를 할 수 있었다.

B와의 라운드를 통해 나는 매너는 내 기분에 따라 해도 되고 안 해도 되는 것이 아니라 어떤 상황에서도 자연스럽게 나올 수 있도록 몸에 배어 있어야 한다는 것을 깨달았다.

그 후로 얼마간의 시간이 지났을까?

어느 날 라운드를 끝내고 나오는데 함께 했던 캐디가 한마디 건넨다.

"프로님, 오늘 프로님과 라운드하면서 '감사합니다'라는 말을 가장 많이 들은 것 같아요."

나는 이게 무슨 말인가 싶어서 그저 얼굴만 바라보았다.

"프로님은 제가 클럽을 드릴 때마다 감사합니다, 샷을 한 다음 제가 클럽을 다시 건네받을 때도 감사합니다, 그린에서 공을 닦아 줘도 감사합니다라고 하시더라고요."

"아, 제가 그랬어요? 좋게 봐주셔서 감사합니다."

"지금도 보세요. 또 감사합니다라고 하시네요"

이 말을 주고받으면서 우리는 한참을 웃었다.

골프의 목적이 잘 치고 못 치고를 떠나 에티켓을 준수하고 함께 즐기는 운동인 만큼, 나는 라운드 결과를 떠나 서로서로를 배려하는 매너가 지켜져야 한다고 생각한다. 어떠한 골퍼인지에 대해 평가받는 것은 그 사람이 어떤 샷을 했고, 어떤 스코어를 냈는지 뿐만 아니라 캐디를 대하는 태도나 동반자에게 하는 행동 모두에 달려 있음을 잊지 말아야 한다.

누구에게나 함께 라운드 하기 싫은 사람이 한 명쯤은 있을 것이다.

"그 친구는 공 하나 치는 데 시간이 너무 오래 걸려. 속 터져서 같이 라운드 못 하겠어."

"어찌나 말이 많은지 집중을 못 하겠다니까?

"내기 골프 하는데 돈을 조금이라도 잃으면 그 다음부터는 말도 안 해."

"매너가 너무 꽝이야. 그래서 누가 같이 라운드 하겠어?"

내가 이런 말을 하고 있을 때 누군가 역시 나를 이렇게 평가하고 있을지도 모른다. 스스로가 어떤 플레이어인지 다시 한 번 생각해 보자.

# 리듬 속에 그 스윙을

KLPGA 퀸 김하늘 프로는 시즌을 앞두고 기타를 배우며 리듬감을 익혔다고 한다. 국가대표 출신의 KPGA 김대현 프로는 골프를 잘 치는 방법으로 리듬감을 꼽았다. 세계 랭킹 TOP을 앞다투는 PGA 로리 매킬로이는 그의 장타 비결 중 하나를 스윙 리듬감이라고 이야기했다.

이렇게 프로들이 한결같이 이야기하는 리듬감이란 도대체 무엇일까?

골프에서의 리듬감이란 어드레스에서 피니시까지 이어지는 박자라고 생각하면 된다. 이 리듬감이 중요한 이유는 일관성 있는 스윙 템포를 유지해 주기 때문이다. 평소 연습할 때와 달리 갑자기 스윙이 빨라지거나 느려질 경우 밸런스가 무너지면서 결국 미스샷으로 이어지는 경우가 많다. 때문에 꾸준한 연습을 통해서 나만의 스윙 리듬감을 몸에 익히는 것이 중요하다. 언제 어느 순간에도 몸에 배어 있는 리듬감이 자신의 스윙 템포를 컨트롤 할 수 있도록 말이다.

오직 탁월한 리듬감 하나로 굿샷을 하던 한 사람이 떠오른다.

투어를 뛰고 있던 2004년 어느 주말, 아는 지인과 함께 경기도의 한 골프장을 방문했다. 라운드를 하러 코스로 나가는데 어디서 낯익은 얼굴이 눈에 들어온다. 내 또래보다는 우리 부모님 세대에서 꽤 유명하신 가수였다. 성격도 화통하고 시원시원한 그분은 페어웨이를 걸으며 노래도 부르고 시원한 바람을 온몸으로 느끼며 라운드 그 자체를 즐기는 모습이었다. 하지만 무엇보다 인상적이었던 것은 그분의 스윙. 자세는 정말 불안하고 이상한데 희한하게도 공은 정확히 맞아 날아가는 것이 아닌가! 나는 그분이 샷을 할 때마다 헛스윙을 하지는 않을까 내내 조마조마했는데 말이다. 마침 그분과 대화를 나눌 기회가 생겨 궁금했던 질문을 드렸다.

"골프 오래 치셨어요?"

"왜요, 프로님? 내가 스윙은 이상한데 공은 잘 맞혀서 그래요?"

그분의 대답은 전혀 예상 밖이었고, 나는 정곡을 찔린 듯 깜짝 놀랐다.

"내 직업이 가수잖아요. 가수들을 보면 스윙은 이상해도 리듬감이 좋아요. 그래서 똑바로 칠 수 있는 거예요. 프로님도 골프에서 리듬감이 얼마나 중요한지 잘 아시죠?"

물론 리듬감에 안정된 스윙까지 갖추면 더더욱 좋은 일이다.

다만 스윙의 메커니즘에 빠져 스윙의 기본이 되는 리듬감을 놓쳐서는 안 된다는 말이다. 이제 연습장 타석에 서면 어드레스, 백스윙, 백스윙 톱, 다운스윙…… 이렇게 딱딱하게 순서를 외울 것이 아니라 한 호흡이 부드럽게 이어지는 리듬감을 떠올려 보자.

하나, 둘, 셋!

# 롤모델이 된다는 것



몇 년 전, MBC 골프 중계차 제주도에서 열린 한 대회를 찾았다.

18번 홀 그린 옆에서 선두권 선수들을 인터뷰하기 위해 대기하던 중, 내 이름을 반갑게 부르는 소리가 들린다. 뒤를 돌아보니 당시 KLPGA 수석부회장이셨던 故한명현 프로였다. 내게 까마득한 선배인 프로님은 인터뷰를 준비 중인 내 모습을 보시고는 덥석 손을 잡으셨다.

"설희야, 정말 잘 해주고 있구나. 후배들은 투어가 아니면 레슨밖에 길이 없다고 생각하고 있었는데, 네가 그 후배들이 나아갈 수 있는 길을 하나 더 만들어 주고 있는 거야."

그 말을 듣는 순간 가슴속 깊은 곳에서부터 뜨거운 무언가가 느껴졌다.

한때 나는 내가 선택한 이 길에 대해, 내가 하고 있는 이 일에 대해 확신을 갖지 못해 적지 않은 마음고생을 한 적이 있다. 그때는 누군가를 보고 배우거나 따라할 만한 대상이 많지 않았다. 다만 투어를 뛰고 있는 프로들과 그 길을 접고 다른 길을 가고 있는 나 자신뿐이었다. 그런 시간을 보내 온 내게 있어 선배들의 말 한 마디, 격려 한 마디는 그 어떤 누구의 칭찬보다도 값진 것이었다. 나의 선택을 인정받는 것, 나의 길을 존중받는 것. 그것은 나를 감동시키기에 충분했고 내게 새 힘을 주기에 충분했다. 그리고 동시에 나로 하여금 내 일에 더욱 큰 책임감을 느끼도록 했다.

故한명현 프로님은 우리 여자프로들에게 때로는 언니같고 때로는 엄마 같은 그런 분이셨다. 한명현 프로님께 말씀드리고 싶다. "프로님, 그때의 말씀 항상 가슴에 새기고 더욱 열심히 할게요. 지켜봐 주세요" 라고…….

누군가의 앞에서 길을 만든다는 것은 생각만큼 쉽지 않은 일이다. 그리고 생각 그 이상으로 중요한 일이다. 앞서가는 이는 뒤에서 따라오는 이들이 보다 수월하도록 발길에 차이는 크고 작은 돌을 걸러내야 한다. 그리고 자칫 잘못된 길로 들어서지 않도록 정확한 목표와 방향을 잡아야 한다.

나는 과연, 잘하고 있는 것일까?


내가 소속되어 있는 회사에는 방송을 준비하는 후배 프로들이 많다. 방송에는 일상적인 대화나 일반적인 레슨과는 달리 그에 적합한 말투나 행동들이 요구되기 때문에 프로들은 시뮬레이션을 통해 미리 연습하고 방송을 준비하게 된다. 현장에서 구박받고 눈물 흘리며 연습했을 때를 떠올려 보면 미디어 프로<sub>방송을 전문으로 하는 프로 골퍼</sub>에 대한 인식이 많이 달라졌구나 하는 생각이 든다.

나는 후배들의 말투와 행동 하나하나를 유심히 보고 잘못된 점, 고쳐야 할 방향 등에 대해 알려 준다. 그럼 귀여운(?) 후배들은 나의 이야기를 메모하고 표시해 가며 다시 연습에 임한다. 그렇게 조금씩 성장하는 후배들의 모습을 보면 왠지 모를 뿌듯함이 느껴진다.

어느 날은 한 후배가 내게 문자 메시지를 보냈다.

"언니는 저의 롤모델이에요."

롤모델…… 놀랍기도 하면서 참 기분 좋은 말이다. 내가 누군가의 인생에서 롤모델이 될 수 있다는 것. 그동안 흘린 땀과 노력들이 결코 헛되지 않았구나 싶어 가슴 뻐근한 감격이 밀려온다.

나는 다시 한 번 마음을 다잡고 신발 끈을 고쳐 맨다.

지금까지 해 온 것처럼, 아니 그보다 더 열심히 나의 일에, 나의 삶에 최선을 다하기 위해. 나를 롤모델 삼아 따라오는 후배들이 이 길을 결코 후회하지 않도록 말이다.

+

# 나의 사랑 나의 영원한 fan

서울에서 따로 생활하고 있는 내가 고향인 춘천 집에 갈 때마다 항상 빼놓지 않고 하는 스케줄이 있다. 이는 비가 오고 눈이 와도 결코 거르는 법이 없다. 바로 '한설희 팬 1호'를 위한 조촐한 사인회다. 나는 사인회에 앞서 집에서부터 골프 모자며 볼, 파우치, 우산 등 사용하지 않은 새 골프용품을 바리바리 싸가지고 춘천으로 향한다.

나의 팬들은 그런 나를 언제나 변함없이 따뜻하게 반겨 준다. 가지고 온 물건을 펼쳐 놓으면 그때부터 우리만의 사인회가 시작된다. 물건 하나하나에 정성스럽런 사인을 하면 팬들이 모자는 원래 담겨 있던 비닐 속에, 공은 케이스에 다시 조심스럽게 담는다. 이건 자신들을 위한 것이 아니라 주위 분들을 위한 선물용이다.

"아빠, 사람들이 이거 받으면 별로 안 좋아하지 않아?"

"이만큼 좋은 선물이 어디 있냐?"

사인하는 내 모습을 보면서 연신 싱글벙글하시는 우리 아빠와 엄마. 그렇

다. 내게 너무 소중한 한설희의 팬 1호는 바로 부모님이시다.

내게 있어 부모님은 아빠, 엄마 그 이상이다. 때로는 서로의 마음을 툭 터놓고 얘기할 수 있는 친구 같았고, 때로는 부족한 것을 일깨워 주는 스승과도 같았다. 그리고 누구보다도 나의 선택과 결정을 존중해 주는 든든한 후원자이기도 했다.

"네가 결정한 일이니 한번 해봐. 하지만 그 결정이 잘못된 결정이더라도 너의 선택을 후회하거나 누구를 탓하지는 마라."

부모님의 한결같은 말씀은 내가 지금처럼 자립하는 데에 큰 힘이 되었다. 내가 골프를 하고 또 방송을 하는 데에 있어서 중간에 포기하지 않고 나름의 무언가를 해낼 수 있었던 것은 이러한 부모님의 가르침이 자라오면서 좋은 양분이 되었기 때문이 아닐까 한다.

딴에는 연습한다고 했는데 시합의 성적이 생각보다 나오지 않아 풀이 죽

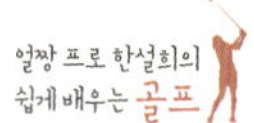

은 날엔 "무엇이든 대가는 항상 따르는 법이다. 네가 지금보다 더 열심히 노력한다면 결과 또한 달라질 거야."

내게 너무 소홀한 듯한 친구에게 화가 나 있을 땐 "네가 무엇을 해주었다고 해서 다른 사람 역시 똑같이 해야 한다는 생각은 잘못된 거야. 누군가에게 도움을 받으려고 생각하지 말고 네가 누군가를 도울 때 행복을 느끼는 것, 그게 중요한 거야."

친한 친구가 아파서 새벽에 급히 다녀와야겠다고 했을 때 "인생을 살아가면서 너의 모든 걸 줄 수 있는 친구가 한 명이라도 있다는 것은 행복한 거야. 조심히 다녀오렴."

호된 채찍질이 되기도 하고, 따뜻한 위로가 되기도 하고, 또 때로는 많은 것을 생각하게 했던 부모님의 말씀은 지금도 나를 성장시키고 있다.

간혹 뉴스를 통해 부모와 자식 간의 대화 단절, 그로 인한 이해 부족, 탈선, 서로 등을 지고 사는 사람 등의 삭막한 기사들을 볼 수 있는데 그럴 때마다 부모는 자녀를 인정해 주고 자녀는 부모를 이해해 준다면 서로를 오해하는 일도 미워하는 일도 없을 텐데 하는 생각이 들어 안타까움이 크다.

내가 고등학교 1학년 때의 일이다.

그 당시 부모님 두 분 중에 골프를 치는 분은 없었다. 그래서인지 내가 시합에 나가서 성적이 안 좋거나 연습할 때 스트레스를 받고 돌아오면 이해하질 못하셨다. 가끔 뉴스에서나 접할 수 있는 골프 기사를 보면 왜 항상 선두를 달리고 있는 선수들의 모습만 나오는지. 샷을 하는 족족 핀 옆에 붙이고 퍼팅하면 무조건 홀인. 아마도 골프를 모르는 사람들이 그 화면을 보면 이렇게 쉬운 운동이 또 있을까 하고 생각을 했을지도 모른다.

그러던 어느 날, 중고등학교 골프연맹 시합 예선에서 떨어지고 집에 돌아오는 길이었다. 그런 내게 부모님은 한심하다는 눈빛을 보이면서 예선에서 떨어지고 그럴 거면 그냥 그만두라고 말씀하시는 게 아닌가. 속도 상하고 화가 나서 나는 그만 울면서 큰 소리로 외쳤다.

"아빠, 엄마는 TV에서 나오는 것만 보니까 골프가 쉬워 보이죠? 그건 잘하는 선수들만 보여 줘서 그래요. 그 뒤에는 스코어 안 좋은 선수들이 얼마나 많은데! 제게 못 친다고 화만 내지 말고 직접 한 번 해보세요. 해보시라고요!"

그로부터 며칠 후, 아빠가 골프 연습장에 등록하셨다.

'그래, 이제 아빠도 내 마음을 이해하시겠지.'

그런데 예상 밖으로 아빠는 골프에 빠르게 적응해 나가셨다. 며칠간 레슨을 받으시더니 너무 재미있다며, 공이 치는 데로 쭉쭉 나간다고 하셨다. 나는 조금 더 아빠의 모습을 지켜보기로 했다. 자고로 시작은 쉬워 보여도 점점 어려운 것이 바로 골프라는 운동이니 말이다.

두 달 정도 시간이 흐른 후, 드디어 아빠의 '머리 올리는 날'이 왔다. 레슨을 해주는 프로와 생애 첫 라운드를 나가시는 것이다. 나는 내가 라운드 하는 것도 아닌데 왠지 모르게 가슴이 두근거렸다. 아빠의 첫 라운드는 어떨지, 혹시 너무 공이 잘 맞아서 오히려 나를 더 구박하시는 건 아닐지……. 이런저런 초조한 마음에 아빠를 기다리는데 시간이 한참을 지나도 오실 기미가 안 보인다. 꽤 늦은 시간이 되자 약주를 걸친 아빠가 드디어 집으로 돌아오셨다. 라운드 후 동반자들과 술 한잔을 하신 모양이다.

“딸, 이리 와서 앉아 봐.”

무슨 일일까 싶어 아빠 옆에 앉으니 이런 말을 하신다.

“아빠가 미안해. 골프장에 나가 보니 이게 내 마음대로 안 되네. 우리 딸, 아빠 엄마가 마음도 몰라 주고 그동안 혼자서 많이 힘들었지? 미안해. ”

그 한마디면 충분했다. 나를 이해하고 인정해 주려 노력하시는 모습 속에서 나는 부모님에 대한 무한한 신뢰와 또 나를 향한 깊은 애정을 느낄 수 있었다.

내가 프로가 되고 방송을 시작한 후에 나와 부모님의 관계란에는 ‘한설희 팬 1호’라는 이름이 하나 더 추가되었다. 내가 나온 기사의 스크랩은 기본, 방송마다 모니터 하시면서 그 날 그 날의 좋은 점, 아쉬운 점 등을 솔직하게 얘기해 주신다. 이보다 더 고마운 팬이 또 있으랴.

아직도 부족하기만 한 내가 당신들의 딸인 것을 너무나 자랑스럽다고 하시는 모습을 볼 때마다 흐트러졌던 내 자신을 다시 한 번 추스르게 된다.

부모님은 내게 가장 좋은 영양제이며 또 가장 소중한 팬이다.

우리의 대화 끝에 항상 해주시는 말씀, “사랑한다, 우리 딸.”

이제 내가 돌려드릴 차례다.

사랑합니다. 아빠, 엄마.

내게는 오랜 친구가 하나 있다. 우리가 서로 격 없이 지내온 지 벌써 19년째.

뭐가 그리 좋은지 매일 붙어살다시피 한 사이다. 이제는 서로를 알 만큼 잘 안다고 생각하고 있지만 그러는 어느 순간엔 내가 알던 그 친구가 맞나 싶을 정도로 냉정하고 낯설 때도 있다. 때론 그 친구 때문에 속이 상하기도 하고 절교하고 싶을 만큼 나를 힘들게 하기도 한다. 하지만 그런 나를 위로해 주고 다시 웃게 해주는 것 역시 그 '친구'다.

그 친구의 이름을 사람들은 '골프'라고 부른다. 내가 그 많은 스포츠 중에서도 유독 골프와 오랜 인연을 맺은 데에는 나의 독특한 성격이 한몫을 했다.

일찍부터 나는 '스포츠'라는 매력에 푹 빠져 있었다.

스포츠란 무엇인가! 선의의 경쟁에서 느낄 수 있는 짜릿함, 혼신의 힘을 다했을 때의 쾌감, 승패와 결과를 떠나 모두가 열광할 수 있는 즐거움……. 이보다 건전하고 유쾌한 유희가 또 어디 있을까. 그런 의미에서 초등학교 때 시

작했던 농구는 기본, 여름이면 롤러스케이트, 겨울에는 얼음 위를 달리는 스케이트와 스키까지. 계절마다 할 수 있는 운동은 죄다 찾아다니면서 섭렵했던 것 같다. 그 중에서도 나를 강렬하게 사로잡았던 것은 바로 스키. 본격적으로 스키를 타기 시작한 건 20살 때부터다. 낮에는 연습장에서 골프 연습을 하고 저녁이면 집에 돌아와 저녁을 먹은 뒤 바로 스키장으로 향했다. 고향인 강원도 춘천 집에서 차로 40분만 달리면 가장 가까운 스키장에 도착할 수 있었다. 실력은 점점 눈에 띄게 늘었고 상급자 코스에서 직벽을 타고 내려올 때의 스릴과 스피드는 나로 하여금 매일매일 스키장에 출근도장을 찍도록 했다.

그러던 어느 날부터인가. 그토록 스키에 열을 올리던 나는 왠지 모를 허무함을 느끼기 시작했다. 스키를 타는 데에는 여전히 짜릿함이 있었지만 그냥 그걸로 끝이라는 느낌? 그 이상의 즐거움을 느끼기에는 한계가 있었다. 생각해 보니 그동안 내가 즐겨 했던 모든 종류의 운동들은 어느 순간이 되면 한계에 다다른 느낌을 주었다. 그렇다. 문제는 내가 금방 싫증을 느낀다는 것! 그런데 어떻게 골프는 지금까지 계속 유지할 수 있었을까?

골프는 달랐다. 오늘은 공이 너무 잘 맞아 언더파를 치더라도 내일은 말도 안 되는 오버파를 치고. 매일 잡는 그립이 어느 날은 처음 잡는 것처럼 너무 어색할 때가 있는가 하면 반복적으로 올리던 백스윙이 낯설게 느껴질 때도 있다. 골프는 하면 할수록 색다른 느낌이 있었고, 날마다 더 많은 숙제를 내게 안겨주는 듯했다.

골프라는 운동을 시작한 지 어느 덧 19년째. 지금도 나는 하루가 멀다하고 클럽을 잡고 있지만 그 어느 한 순간도 싫증을 느낄 틈이 없다. 다른 스포츠에는 그토록 싫증을 잘 내던 한설희가 골프를 이렇게 오래 할 수 있는 것은 이렇게 하루하루 다른 재미를 느껴서인지도 모르겠다. 비단 나뿐만이 아닐 것이다. 수많은 골퍼들이 골프에 빠져드는 이유가 바로 익숙해지지 않는 변덕스러움 때문이 아닐까?

오늘 라운드에서 너무 엉망으로 치고 나면 "내가 스트레스 받으면서 이걸 왜 하고 있는 거야? 아, 이제 골프 같은 것 다신 안 해!"라고 말해 놓고도 그 다음 라운드에서 공이 잘 맞고 스코어가 좋으면 "역시 골프는 이 맛에 치는 거라니까. 이렇게 재미있는 운동을 누가 만들었을까?" 한다. 이게 바로 골프의 매력이 아닐까? 골프는 매일 같은 장소에서 플레이를 해도 매일 다른 결과를 보여 준다고 한다. 어제 다르고 오늘 다른, 날마다 새로운 매력. 내게도 골프는 너무나 매력적이다. 그래서 멀리할 수 없다.

골퍼들과 라운드를 하면서 많이 듣는 말 중에 하나가 "프로님은 좋으시겠어요. 매일 이렇게 맑은 공기를 마시며 라운드를 하니 얼마나 좋아요?"이다. 물론 필드만큼이나 근무 환경이 좋은 곳도 없을 것이다. 푸른 잔디를 밟으며 일을 할 수 있다는 것은 정말 행복한 일이다. 더군다나 내가 좋아하는 일 아닌가!

내가 잘하는 일, 좋아하는 일이 직업이 되는 것만큼 행복한 일도 없다. 하지만 간혹 이상과 현실 사이에서 적지 않

은 스트레스를 받기도 하고 고뇌하기도 한다. 대부분의 사람들이 그렇듯 마냥 즐거울 수 없는 것이 바로 '돈 버는 일'이기 때문이다. 하지만 그럼에도 불구하고 계속 할 수 있는 것은 역시 내가 좋아하는 일이기 때문일 것이다.

싫증을 잘 내는 나와 변덕스러운 골프. 우리 둘의 궁합이 잘 맞았기에 우리는 지금까지 단짝으로 함께할 수 있었다. 때로는 그것이 애증(?)의 관계라 할지라도 말이다. 우리가 함께하는 그 시간은 너무나도 든든해서 생방송을 하는 일도, 많은 사람들 앞에서 레슨을 하는 일도, 필드에 나가는 일도 척척 해낼 수가 있다.

언제나 항상 나와 함께하는 변덕스러운 그 친구가 나는 너무나도 고맙고 사랑스럽다.

+

# 인생의 마지막 기회

사람은 인생에 세 번의 기회를 만나게 된다고 한다.

내게 있어 인생의 첫 번째 기회는 물론 골프를 시작하게 된 것이다. '골프'라는 운동이 마냥 생소하기만 했던 1994년. 마침 내가 다니던 중학교와 춘천 C.C.지금의 라데나 C.C.에서 골프 꿈나무 육성 프로그램이 진행되었고, 교장  선생님의 추천으로 골프를 시작하게 된 것. 이 모든 일들은 너무나도 필연적이었고 그것은 곧 인생의 커다란 전환점이 되었다. 시작은 막연했지만 이제 골프가 없는 한설희의 인생은 상상조차 할 수가 없다.

인생의 두 번째 기회는 바로 방송이다. 투어 프로로서의 미래를 고민하고 있던 내게 방송이라는 것은 굉장히 신선하고 매력적인 기회였다. 더군다나 생판 모르는 일을 하는 것이 아니라 무엇보다 자신 있는 골프를 방송에 접목시킨다고 하니 이보다 즐거운 일이 또 있을까.

물론 빛이 있으면 그림자가 있듯, 기회 뒤에는 적지 않은 위기 또한 있었다. 골프를 시작한 지 2년 만에 디스크 초기를 진단 받고, 입시를 준비해야 하는 고3 때는 디스크 통증이 심각해져 수술대에 오를 상황에 놓이기도 했다.

기회가 왔을 때 그것을 잡을 수 있는 용기도 필요하지만, 위기가 왔을 때 포기하지 않고 끝까지 붙잡을 수 있는 근성 역시 중요하다. 디스크로 건강에 문제가 생겼을 때 이제라도 골프를 그만두라는 주위의 권유에 따랐다면 지금 이 자리에 한설희는 없었을 것이다. 당시에는 무모하게 느껴졌을지라도 중간에 포기하지 않고 프로 골퍼라는 목표를 향해 부단히 달려왔기에 그때의 위기는 훗날 방송이라는 기회로 이어질 수 있었다.

그렇다면 내 인생의 마지막 기회는 무엇일까?

분명 쉽지는 않겠지만 나의 남은 인생을 완성시키기에 충분히 가치 있는 기회일 것이라 믿어 의심치 않는다. 그래서인지 요즘 내가 할 수 있는 일, 해야 하는 일, 하고 싶은 일에 대해 관심이 부쩍 많아졌다. 먼저, 골프의 재미와 즐거움 그리고 그에 대한 전문적인 내용들을 전달하는 데 있어서 미디어 프로의 역할을 보다 확실하게 구축해야겠다는 생각을 한다. 골프를 잘 아는 사람이라면 누구나 할 수 있는 그런 것이 아니라 프로이기에 할 수 있는 일들을 더욱 계발해야 할 필요성을 느낀다.

두 번째로는 나의 경험과 그로 인해 생긴 노하우들을 후배들에게 보다 체계적으로 알려주고 싶은 마음이 생겨나고 있다. 나를 통해 얻어진 지식들이 누군가에게 힘이 되고 도움이 된다면 이보다 더 뿌듯한 일은 없을 것이다. 하지만 그 어떤 모습으로도 나의 미래를 단정 지으려 하진 않겠다.

나는 아직 젊고 미래는 막연하기 때문이다.

나의 좌우명은 '하나하나, 천천히'이다.

현재 눈앞에 있는 상황을 하나하나 잘 연결해 가다 보면 언젠가는 그것이 만들어 낸 큰 그림과 마주하게 될 것이다. 다만 하루하루를 최선을 다해 살기로 다짐한다.

골프를 시작했을 때도, 방송을 시작했을 때도 당시에는 그 선택이 내 인생에 어떠한 영향을 미치게 될지 전혀 알 수 없었다. 돌이켜봤을 때 그것은 내게 있어 기회였고 행운이었음을 알게 됐듯, 우연히 지나쳐 버린 오늘 하루가 혹시 내게 찾아올 마지막 기회일 수도 있기 때문이다.

그렇게 나는 하루하루를 징검다리 삼아 내게 찾아 올 운명적인 마지막 기회를 기다린다.

Volvik
Volvik
www.Volvik.co.kr

# 03

# 쉽게 배우는 골프

티잉 그라운드

장소 협찬 | 태국 WANGJUNTR GOLF PARK(왕찬C.C.)

# 드라이버 샷

드라이버 샷이 어렵다?

많은 골퍼들을 만나면 가장 어려워하는 부분이 드라이버 샷이다. 하지만 나는
골퍼들의 욕심 때문에 더 많은 미스샷이 만들어진다고 생각한다.

특히 남성 골퍼들이 "남자는 거리"라고 말을 하며 자신의 스윙에서 나올 수 없
는 힘으로 강하게 샷을 하려다가 더 많은 미스샷을 하는 경우를 많이 봐왔다.

힘으로 공을 때리는 스윙이 아니라 스윙을 이해한 안전한 드라이버 샷을 만들
어 보자.

스탠스를 취할 때 과도하게 넓게 서는 경우를 많이 볼 수 있다.
스탠스가 넓어질수록 자연스러운 체중 이동이 어렵다.
내 어깨의 끝 선과 발 안쪽이 일직선이 될 수 있을 정도의 넓이로 서준다.

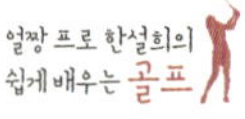

중심축을 최대한 고정하고 테이크백은 낮게.
백스윙이 크다고 거리가 나는 것은 아니다.
내 몸이 안정감이 있게 꼬일 수 있는 위치까지만
백스윙을 만들어 준다.

백스윙 탑에서는 손목의 각을 최대한 유지하며 다운스윙을 시작한다.
이때 중요한 것은 왼쪽 다리가 빠지거나 밀리지 않게 잘 잡아 주고
있어야 한다는 것. 시선을 고정한 상태에서 팔로스루는 낮고 길게
빼준다. 왼쪽의 벽을 완벽하게 잡아 준다면 상체와 하체가
일직선으로 서 있는 피니시가 만들어진다.

# 낮은 탄도의 티 샷

앞바람이 많이 불 때 어떤 샷을 해야 할까?
대부분의 골퍼들이 앞바람이 불 때도 평상시와 같은 샷을 시도하다 거리 손해
를 보거나 공이 바람을 타고 생각지도 못한 방향으로 날아가는 경험을 했을 것
이다.
하지만 스윙의 큰 변화가 아닌 작은 변화가 낮은 탄도의 샷을 만들어 줄 수 있
다. 이제는 앞바람이 불 때 과감하게 시도해 보자.

먼저 평상시의 어드레스보다 체중을 왼쪽에 조금 더
놓아주자. 왼쪽에 7 오른쪽에 3
공은 한 개 정도 오른쪽으로 이동시키고 티의 높이를
1cm 정도 과감하게 낮게 꽂아 준다.
그립은 1인치 정도 짧게 잡아 준다.

테이크백 시 약간 빠른 코킹을 이용해 약 3/4 정도의
백스윙 톱을 만들어 주자. 이때 중요한 것은 왼쪽에
놓아 둔 체중을 그대로 유지하며 백스윙 해야 한다는 것이다.

**+**

**주의하세요**

어드레스의 왼쪽에 놓아 둔 체중은 스윙이 끝날 때까지 유지하고 있어야 한다.
만약 체중이 오른쪽으로 무너진다면 클럽 페이스 면의 각이 완만해지면서 낮은 탄도의 공을 만들 수 없다.

Volvik
Volvik

공이 맞은 후 클럽을 들어 올리는 것이 아니라 공이 날아가는 타깃 방향으로 최대한 낮게 팔로스루 한다.
왼쪽에 놓아 둔 체중을 피니시가 끝날 때까지 유지해야 낮은 탄도를 만들 수 있다.

낮은 탄도로 임팩트를 만들어 주기 위한 가장 중요한 단계.
빠른 코킹으로 만들어진 손목의 각을 최대한 유지하며
다운스윙 해야 한다.

일반적인 드라이버 샷을 할 때와
낮은 탄도를 만들기 위한 테이크백의 차이는
낮고 길게 그리고 빠른 코킹.

# 얼라인먼트

골프를 치는 데 있어서 정확한 방향 설정은 샷을 하는 것만큼이나 매우 중요한 부분이다. 하지만 대부분의 골퍼들이 방향 설정보다 공을 치는 데에만 집중하기 때문에 공이 생각지도 못한 방향으로 날아가는 경우를 많이 볼 수 있다. 나는 강의를 하러 가서 얼라인먼트에 대한 강의를 하다가 이런 질문을 받았다. "저는 100개를 넘게 치는데요, 공도 바로 안 가는데 방향을 바로 서는 것이 무의미한 것 아닌가요?"

먼저 티잉 그라운드에 올라가면 코스가 어떻게 생겼는지를 정확히 파악하고 내가 공을 보낼 지점을 정한다. 클럽을 들어 목표 방향과 공의 일직선을 긋고 공의 30~40cm 앞에 나만의 가상 목표점을 정한다.

어찌 보면 공이 페어웨이로 안 가는 골퍼들은 그렇게 생각할 수도 있다.
하지만 골프스윙을 하는 데 있어서 프로들이 반복적으로 말하는 "기초가 중요
하다"라는 말에는 스윙만 포함되는 것은 아니다. 스윙 이외의 다른 기본들도 처
음부터 정확히 만들어야 나중에 싱글 골퍼에 조금 더 빨리 다가갈 수 있다.

어드레스를 할 때는 클럽의 헤드와 가상의 목표 지점을 먼저 정확히 맞춰
준다. 그리고 왼발을 먼저 위치하고 그 다음에 오른발 순으로 발을 옮겨
스탠스를 취한다. 그 다음에 그립을 잡는다.

정확한 얼라인먼트를 취했더라도 공이 목표 방향으로 바로 가지 않는 경우도 많다.
하지만 방향을 정확히 보고 서지 않았을 때보다는 방향 미스의 폭이 줄어든다.

스탠스를 정확히 잡은 후 내가 공을 보내고자 정한
목표점을 다시 한 번 확인한다.

# 파3 티 샷 시 티의 높이

파3에 가면 골퍼들은 잘 칠 수 있을 것 같다는 생각에 샷을 하는 데에만 집중을 한다. 파3에서 샷을 하는 데 있어서 가장 중요한 티의 높이를 생략해 버리는 경우를 많이 볼 수 있다.

생각해 보자. 페어웨이에서 샷을 할 때와 러프에서 샷을 할 때 어떤 차이를 느꼈는지. 페어웨이에서는 클럽 페이스와 공이 착 달라붙어 임팩트 되는 느낌이지만 러프에서는 임팩트 순간 풀이 걸려 매끄러운 임팩트를 만들 수가 없다.

이것이 파3에서도 필요하다. 골퍼들 중 아이언을 치기 위해 티를 꽂을 때 티가 보이지 않을 정도로 낮게 꽂는 경우를 볼 수 있다. 이것은 페어웨이에서 칠 수 있으나 러프에서 샷을 하겠다는 것과 같다.

아이언 샷을 할 때는 폭신폭신한 페어웨이 위에 공이 올라와 있는 정도의 티 높이가 좋다.

약 1cm 정도의 높이로 공이 2/3 정도 가려지는 정도가 알맞은 티의 높이이다.

페어웨이 우드로 샷을 할 때 하이볼이 난 경험이 있다면
티의 높이를 체크해야 한다.
드라이버 샷을 할 때처럼 높게 티를 꽂으면 페이스의 윗면에 맞아
스윙과 상관없이 공은 하늘 높이 뜰 수밖에 없다.

페어웨이

장소 협찬 ' 태국 WANGJUNTR GOLF PARK(왕찬C.C.)

# 사이드 힐 내리막

18홀 동안 라운드를 하면서 만나는 여러 상황 중에서도 가장 어려운 것이 내리

막일 것이다.

내리막 상황을 극복해 보자.

어드레스를 취할 때는 양 무릎과 골반이 지면과 평행할 수 있도록 체중을 왼쪽에 실어 준다.
정확한 임팩트를 만들기 위해 공은 평상시보다 한 개 정도 오른쪽에 놓아 둔다.

백스윙은 클럽의 페이스가 잔디에 닿지 않도록 조금 빠른 코킹을 해준다.
어드레스의 체중이 왼쪽으로 많이 실려 있기 때문에
백스윙 시 오른쪽 골반이 뒤로 빠질 수 있다.
백스윙의 크기를 최대한 줄여 하체의 움직임을 최소화 해준다.

임팩트 시 왼쪽에 놓아 둔 체중을 최대한 유지하며 임팩트 하고
팔로스루는 지면으로 최대한 낮게 한다.

평지에서 어드레스를 하는 것과 같이 무릎과 어깨의 위치를 만든
다면 임팩트 시 체중이 오른쪽에 많이 남아 있게 된다.
토핑이나 뒤땅의 미스샷이 만들어진다.

+

**클럽 선택**

아이언이나 페어웨이우드를 이용한 내리막 샷을 할 때 생각보다 공의 탄도가 낮은 것을 경험해 봤을 것이다.
이것은 내리막 경사도만으로도 로프트 각이 생기는 효과가 있기 때문이다.
한 클럽 정도 짧은 것을 선택하고 공의 탄도를 확보하자.

15도 3W

18도 5W

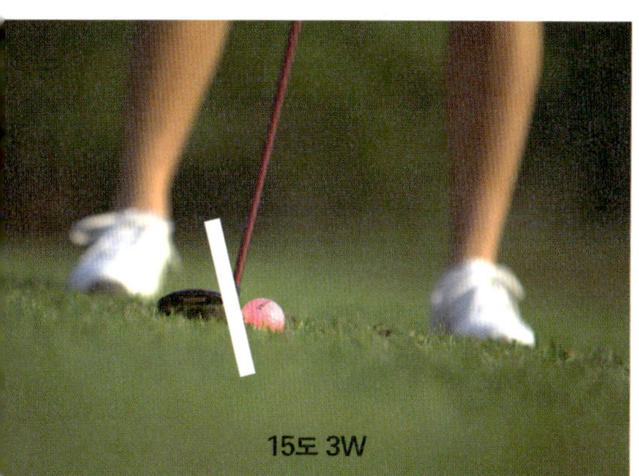

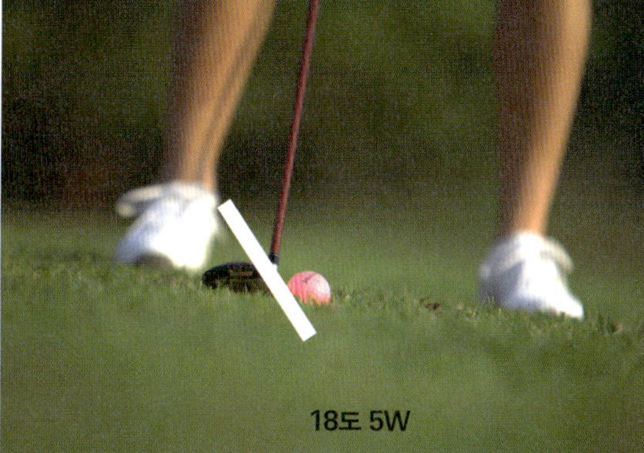

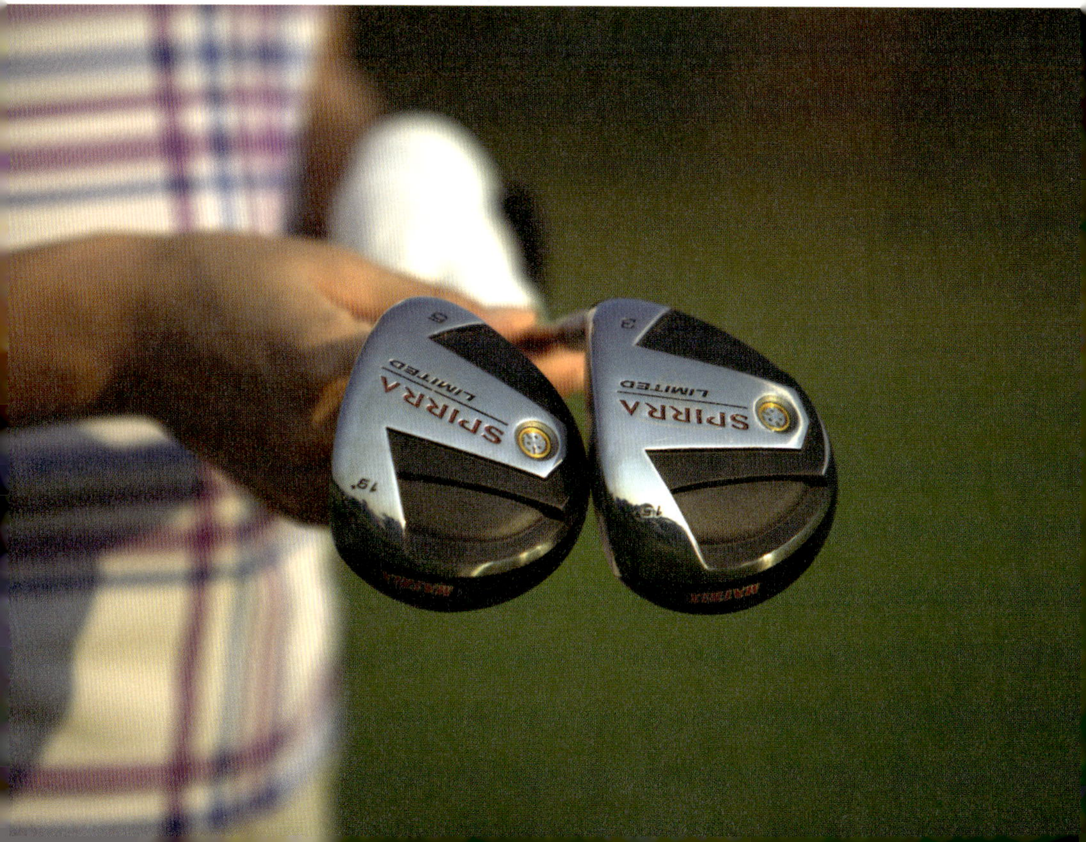

# 사이드 힐 오르막

내리막에 비해서 비교적 쉽게 샷을 할 수 있는 것이 오르막이다.
오르막 상황에서는 두개의 옵션을 적용할 수 있다. 나에게 적당한 방법을 찾아
샷을 하자.



오르막의 경사도만으로도 클럽 페이스의 각이 더 커지는 효과가
있다. 7번 아이언의 거리지만 그린에 올라가지 못하는 상황이 발
생할 수 있다. 클럽은 한 클럽 여유 있게 선택한다.
오르막의 경사도와 몸이 평행할 수 있도록 체중을 오른쪽에 놓아
야 한다. 백스윙을 하는 동안에는 체중이 더 많이 실려 있는 오른
쪽 다리가 고정되어야 한다.

임팩트를 너무 강하게 하기보다는
부드럽게 잔디를 쓸어 올린다는
느낌이 좋다.
지면의 각대로
들어올리듯 팔로스루 하자.

이러한 샷을 할 때 임팩트의 느낌은 좋았는데
공이 왼쪽으로 가는 경험이 있을 것이다.
정확한 팔로스루 동작을 만들지 못하고
팔을 너무 빨리 몸쪽으로
잡아당겨 버리는 모양이 나왔을 것이다.

뒤땅이나 토핑이 많이 나는 골퍼들은 임팩트 시 체중이 오른쪽으로 지나치게
움직이면서 미스샷이 발생하기 때문이다. 뒤땅과 토핑이 많이 난다면 과감하게
샷을 하는 방법을 바꿔 보자.

앞의 옵션에서 한 클럽 여유 있게 클럽을 선택했다면
이번에는 원래의 클럽을 사용하자.
지면과 평행한 어드레스가 아니라 체중을 완전히 왼쪽으로 놓는다.
무릎과 골반이 평지에서의 각처럼 만들어지도록 한다.

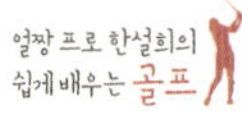

스윙은 평지에서의 샷과 동일하다.
하지만 임팩트 시 오르막의 턱을 강하게 때리는 느낌이 들어
스윙은 팔로스루에서 멈추게 된다.
어드레스 때부터 왼쪽에 놓아 둔 체중을
끝까지 유지해 줘야 완벽한 샷을 만들 수 있다.

# 넉 다운 샷



앞바람이 많이 부는 페어웨이.
무조건 클럽만 여유 있게 잡고 바람을 태우는 샷을 할 것인가? 바람을 이기는
샷을 할 것인가?
골프 실력을 조금 더 업그레이드시키기 위해 바람을 이기는 샷을 시도해 보자.

130m에서 8번 아이언으로 샷을 해 온 사람이라면
7번 아이언을 선택하고 그립은 1인치 정도 내려 잡자.
작은 스윙은 공의 탄도를 낮추고 정확한 방향을 만들기 위함이다.

1. 평소 체중을 5:5로 놓았다면 왼쪽에 7이 오도록 하고
2. 공은 한 개 정도 오른쪽으로 옮겨 위치하자.
체중을 왼쪽에 놓고 공을 오른쪽에 이동시켜 주면
공을 위에서 눌러 치는 듯한 느낌을 줄 수 있다.
이는 낮은 탄도의 공을 만들어 준다.

손목의 각을 최대한 유지
임팩트하고

**팔로스루는 지면으로 낮게**  **피니시를 생략하고 3/4까지**

—

낮은 탄도의 공을 만들어 주기 위해서는 왼쪽에 놓여진 체중이 스윙이 끝날 때까지 유지되어야 한다.
체중이 오른쪽으로 움직인다면 임팩트 시 로프트 각이 누워져 낮은 탄도의 공을 만들 수 없다.

먼저 내 거리의 클럽보다 한 클럽
정도 여유 있게 선택하고
그립은 1인치 정도 짧게 잡아 준다.
공을 바로 가격할 수 있도록
공은 한 개 정도 오른쪽에 위치하고
체중은 6:4 정도로 왼쪽에 조금 더
놓아 준다.

# 디봇

페어웨이의 작은 벙커라 불리는 디봇에서의 샷.

드라이버 샷은 페어웨이 중앙으로 잘 나왔는데 내 공이 디봇에 빠져 있다면 이
렇게 억울한 경우도 없다. 그리고 많은 골퍼들이 이러한 디봇에서의 샷을 어려
워하고 또 실제로 미스샷이 많이 발생하는 것을 볼 수 있다.

디봇의 공은 맨땅이나 페어웨이 벙커 샷을 하는 것과 같다. 정확한 임팩트가 만
들어지지 못한다면 공은 제 거리를 날아갈 수 없다.

백스윙 시 조금 빠른 코킹을 이용해 다운스윙 시
손목의 각이 유지된 상태로 내려올 수 있도록
손목의 각을 만들어 준다.
몸의 축을 최대한 고정하고 임팩트 될 수 있도록
백스윙은 3/4 정도를 만들어 주자.

가파르게 내려오는 손목의 각을 최대한 유지하며
임팩트 되면 공을 위에서 아래로 눌러 치는
느낌을 만들 수 있다.
여기서 중요한 것은 임팩트 된 후 타깃 방향 쪽으로
낮고 긴 팔로스루가 만들어져야 한다는 것이다.

# 발보다 공이 낮은 다운힐

발보다 공이 낮은 상황에서 자주 발생하는 것이 바로 토핑이다.
토핑을 방지하고 안전하게 샷을 하기 위한 방법은 없을까?

먼저 클럽 선택이 중요하다.
8번 아이언을 쳐야 하는 거리가 남아 있다면 과감하게
7번 아이언을 선택하자.
이런 내리막에서는 하체의 움직임을 최대한 줄이고
작은 스윙으로 정확한 임팩트를 만들어야 하기 때문에
여유 있게 클럽을 선택하는 것이 좋다.

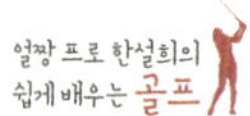

먼저 내리막에 상관없이 평지에서 하는 것과 같은
어드레스를 취한 후 상체와 무릎을 굽힌다.

**주의하세요**

이렇게 어드레스 하는 연습을 하는 것은 이유가 있다. 많은 골퍼들이 내리막의
불안한 라이 때문에 공과 너무 멀게 서는 어드레스를 만들기 때문이다.

내리막만큼 숙여진 상체 스윙을 하는 데 있어서 가장 중요한 것은 숙여진 상체와 무릎의 각이 끝까지 유지되어야 한다는 것이다.
한 클럽을 여유 있게 선택했다면 강하게 공을 치는 것이 아닌 정확한 임팩트에만 집중하자.

하체의 움직임을 최대한 줄이기 위해 피니시는 생략하고 팔로스루에서 샷이 끝나도록 한다.
스윙이 끝나고도 최대한 머리의 위치를 공이 있던 곳에 유지하는 것이 좋다.
날아가는 공을 보기 위해 시선을 빨리 돌린다면 몸이 일어서면서 토핑이 발생할 수 있기 때문이다.

# 발보다 공이 높은 오르막

발보다 공이 높이 있을 때 가장 많이 발생하는 것이 뒤땅, 그리고 공이 왼쪽으로 날아가는 것이다.

클럽은 한 클럽 정도 여유 있게 잡아 준다.
평지에서 샷을 할 때와 같은 각의 어드레스를 취하게 되면
내 몸에 익혀진 백스윙이 있기 때문에
경사면과 상관없는 백스윙이 만들어진다.
따라서 숙여진 어드레스에서 상체를 세워 안정감 있는
백스윙을 할 수 있게 만들어 줘야 한다.
공이 왼쪽으로 가는 미스샷이 많이 발생할 수 있으므로
공은 스탠스 중앙에서 우측에 위치하도록 한다.

공이 발보다 높이 있는 만큼 백스윙의 궤도 또한 완만하게 올라가야 한다.
평지에서보다 상체의 각을 세워서 샷을 하기 때문에
그만큼 백스윙의 궤도 또한 낮아지는 것이다.

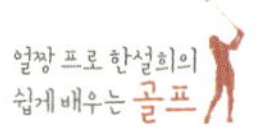

연습 스윙을 통해서 나의 정확한 임팩트 지점을 찾아 보자.
연습 스윙을 하고 샷을 하는 과정에서 생각지도 못한
뒤땅이나 토핑이 발생하는 경우가 있다.
오르막의 정도에 따라 임팩트가 시작되는 부분이 다를 수 있는데
이 점을 무시하고 샷을 하다 발생하는 미스이다.
공의 바로 아래에서 연습 스윙을 해보자.
진짜 공을 치는 것과 같은 느낌으로 땅이 파인 부분이
이 경사에서 내가 만들 수 있는 임팩트의 위치이다.

공이 왼쪽으로 간다?
정확하지 못한 팔로스루를 만들었기 때문이다.
백스윙과 같이 팔로스루에서도 3/4까지만 만들어져야 한다.
오른팔이 쭉 펴진 상태로.
하지만 위의 사진처럼 공을 치는 동시에 팔이 몸쪽으로
심하게 감긴다면 공이 왼쪽으로 가는 미스샷이 발생한다.

# 페어웨이 벙커 샷

나는 학창 시절 벙커에서 샷 연습을 하곤 했다.
벙커 샷을 잘 하기 위함도 있었지만
또 다른 이유중의 하나가 벙커에서 정확한 임팩트를 만드는 연습을 하면
페어웨이에서의 샷이 쉽게 느껴졌기 때문이다.
페어웨이에서의 임팩트가 정확하지 못하다면 벙커에서의 샷은
어렵게 느껴질 수박에 없다.
먼저 그린 위에 있는 핀에 가까이 보내려는 욕심보다
기본을 생각하며 샷을 시도해 보자.

하나. 클럽은 한 클럽 여유 있게 선택한다.
둘. 그립을 짧게 잡는다.
셋. 발은 모래에 비벼 스탠스가 흔들리지 않게 고정시켜 주자.
넷. 공은 한 개 정도 오른쪽에 위치한다.
다섯. 스윙은 3/4만 한다.

—
벙커 샷을 하기 전 이 다섯 개만 기억하고
벙커 샷을 시도해 보자.
먼저 한 클럽을 여유 있게 잡는 것,
둘 그립을 짧게 잡는 것,
셋 스탠스의 안정감을
주기 위해 발을 비빌 것,
넷 공의 위치보다 발의 위치가
낮도록 하고 공은 오른쪽에 둘 것, 다섯 정확한 임
팩트를 주기 위해
스윙의 크기를 3/4으로 줄일 것.
벙커 샷은 거리를 많이 보내는 것이 아닌 정확한 임팩트를 만드는 것이 목적이다.

미스샷은 왜 발생하는 것일까?
지나치게 큰 백스윙? 임팩트 시 너무 큰 하체의 움직임? 이런 것들이 벙커 샷을 하는 데 있어서 기본의 공식을 무시한 스윙이다. 이러한 스윙은 모래 위에 놓여진 공을 정확하게 임팩트 하기 어렵게 한다.

# 페어웨이 벙커 샷 클럽 선택

샷을 하기 전 중요한 것은 바로 클럽 선택이다.
어떤 클럽을 선택하느냐에 따라 공은 제 거리를 다 날아갈 수도 있고 벙커의
앞 턱에 걸려 제 거리를 다 가지 못하는 경우도 있다.
임팩트는 정확했는데 벙커 앞 턱에 딱 걸려 황당한 상황. 골퍼라면 한번쯤은 겪
어 봤을 법한 일이다. 지금 내 상황에서는 어떤 클럽으로 샷을 해야 안전하게
벙커 탈출을 할 수 있을까?

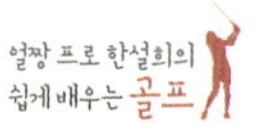

이 정도의 벙커 턱이 자리하고 있다면
7번 아이언으로 충분히 탈출을 시도할 수 있다.

페어웨이 우드로 샷을 한다면? 벙커 턱에 걸려
7번 아이언만큼도 공이 나가지 못할 것이다.

그렇다면 탈출을 할 수 있는 각을 어떻게 체크해야 할까?

벙커에서 나와 내 공이 있는 위치의 평평한 곳에서
내가 치고자 하는 클럽을 잔디에 놓고 클럽 페이스 면을 발 앞을 이용해 밟아 보자.
그럼 샤프트가 위로 올라오면서 내 공이 탈출할 수 있는 공의 탄도를 알려 준다.

# 페어웨이 우드 러프 샷 **클럽 선택**

페어웨이 우드 3번과 하이브리드 4번 중 로프트 각이 조금 더 누워 있고 헤드의 크기가 작은 하이브리드를 선택해 러프에서 안전한 샷을 만들어 보자.

파5 세컨 샷에서 긴 거리가 남아 있다면 생각할 것도 없이 대부분이 페어웨이 우드 3번을 선택할 것이다.

하지만 공이 러프에 잠겨 있다면 선택은 바뀌어야 한다. 아이언에 비해 페어웨이 우드는 로프트의 각이 많이 서 있고 샤프트의 길이가 길기 때문에 임팩트 시 풀의 저항이 더 많아 미스샷이 발생할 수 있다.

그래서 나온 클럽이 하이브리드가 아닐까? 하이브리드 클럽은 헤드의 크기도 작을 뿐 아니라 샤프트의 길이 또한 페어웨이 우드보다 짧아 더 안정감 있는 샷을 만들 수 있다.

페어웨이에서의 샷과 러프에서의 샷은 백스윙을 하는 과정부터
조금 다른 차이를 느낄수 있다.
러프에서는 백스윙 시 공 뒤의 풀이 걸리지 않게 빠른 코킹을 한다.
이것은 다운스윙 시 풀의 저항을
최대한 줄인 임팩트를 만들기 위함이기도 하다.

백스윙 때 만들어 놓은 손목의 각을 최대한 유지하며 다운스윙을 해야 한다.
가파르게 내려와 공을 눌러 친다는 느낌을 갖자. 임팩트 후에 클럽은 지면으로 낮게 이동한다.
일반적인 페어웨이 샷과 같이 쓸어 치면 공 뒤 풀의 저항을 받아 제 거리를 날아갈 수 없다.

Volvik
Volvik

어프로치

장소 협찬 | 태국 WANGJUNTR GOLF PARK(왕잔C.C.)

# 어프로치의 기본

어프로치는 싱글 골퍼가 되기 위한 필수 조건이다. 하지만 많은 골퍼들이 어프
로치보다 샷에만 집중하는 것이 사실이다. 어프로치의 기본을 무시하고 연습을
하다 더 줄일 수 있는 스코어를 줄이지 못하는 경우를 많이 볼 수 있다.
파 온이 안 됐을 때 파를 할 수 있게 도와주는 역할이 바로 어프로치이다.
어프로치를 정확히 알고 연습을 해보자.

스탠스는 어깨 안쪽으로 발이 들어와 있을 정도의 넓
이로 서준다. 샷을 할 때처럼 지나치게 넓은 스탠스는
작은 스윙을 하는 데 있어 안정감 있는 회전을 할 수
없게 한다.
체중은 7:3으로 왼쪽에 놓아 두고 공은 스탠스 중앙보
다 한 개 오른쪽에 위치하고 그립을 잡은 손은 왼쪽 허
벅지 안쪽에 위치한다.

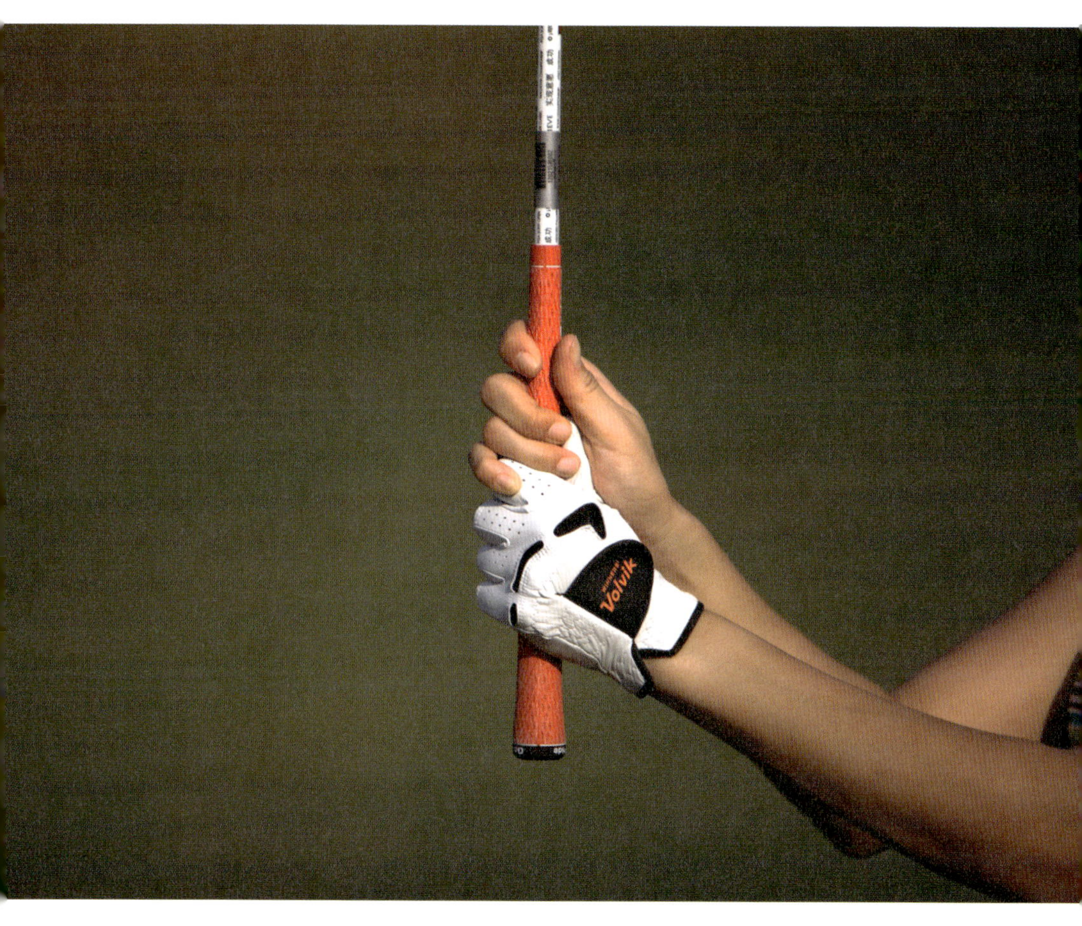

어프로치는 정확한 임팩트를 만들어야 하기 때문에
그립은 1인치 정도 짧게 잡아 주는 것이 샷의 정교함을 돕는다.

Volvik

어떤 크기의 어프로치를 하든 백스윙 한 만큼 팔로스루도 같은 위치까지 만들어져야 한다.
이것은 스윙을 하는 동안 일정한 스피드를 만들어 주기 위해서이다.

+
스윙이 끝날 때까지 왼쪽의 체중 7을 정확히 유지해야 한다.

# 10~15m 어프로치

많은 골퍼들과 라운드를 하다 보면 30~40m어프로치보다 더 어렵게 생각하는 것이 짧은 거리의 어프로치이다. 스윙을 크게 하려니 공이 많이 나가 버릴 거 같아 임팩트가 불안하고, 스윙을 작게 하려니 공이 안 나갈 거 같고…….
이러한 고민을 이미지를 바꾸는 하나만으로 해결해 보자.

먼저 핀과의 거리가 15m 정도라면, 퍼터를 가지고 30m 정도의 롱 퍼팅하는 모습을 상상해 보자.
롱 퍼팅을 할 때 스윙의 크기와 스윙의 스피드. 바로 이 롱 퍼팅의 이미지를 어프로치에 적용하는 것이다.

백스윙과 다운스윙을 하는 리듬은 하나 둘~
이것이 어프로치를 할 때의 리듬이다.

먼저 클럽은 로프트의 각이 누워 있는 56도 웨지를 선택하고
공은 오른발 앞에 위치한다. 공을 치기 전 먼저 연습 스윙을 해보자.
스윙이 아닌 퍼팅 스트로크를 한다는 느낌으로 하는 것이 좋다.
나는 웨지를 잡고 있지만 머릿속으로는 30m의 롱 퍼팅을 한다는
이미지를 가지는 것이 중요하다.

# 내리막 어프로치

어프로치를 해야 하는 상황 중 가장 어려운 것이 내리막 어프로치일 것이다. 바로 앞에 그린이 있고 공은 내리막이기 때문에 많은 런이 발생할 것이다. 더구나 그린 앞에 벙커까지 있다면 어떤 어프로치를 해야 할까?

먼저 클럽 선택이다. 평상시에 52도 웨지만 사용을 했다 해도 이러한 내리막에서는 과감하게 56~58도 웨지를 선택하자. 내리막의 경사만으로도 로프트의 각이 서는 현상이 발생하기 때문이다.

1. 경사가 있는 만큼 스탠스의 폭을 넓혀 안정감을 주자.
2. 공은 오른발 앞이나 오른발 뒤꿈치 안쪽에 위치해야 더 정확한 임팩트를 만들 수 있다.
3. 손은 왼쪽 허벅지 안쪽에 위치하고 경사도와 양 무릎이 평행할 수 있도록 체중을 조금 더 왼쪽에 놓아 둔다.

백스윙 시 클럽 헤드에 풀이 걸리지 않게
조금 빠른 코킹을 이용해 백스윙 하자.

Volvik

임팩트 시 체중이 오른쪽으로 무너진다면
뒤땅이나 토핑이 발생한다.

백스윙 시 만들어진 손목 코킹의 각을
최대한 유지하며 임팩트 하고
팔로스루는 지면 쪽으로 낮게 한다.
이때 기존에 알고 있던 백스윙과
팔로스루의 크기가 같아야
한다는 것은 무시하는 것이 좋다.
정확한 임팩트를 하려면 큰 팔로스루
보다는 임팩트 후 스윙이 끝난다는
느낌으로 팔로스루 하자.

# 로브 샷

그린 앞에 높은 턱이 있고 턱을 올라오자마자 핀이 위치하고 있다.
공의 탄도가 낮게 가면 공의 런은 많아져 핀과 거리가 점점 더 멀어질 것이다.

52도와 56도 웨지 중
56도를 선택하자.
56도 웨지는 가지고 있는
로프트의 각이 크지만 공의 탄도를
조금 더 높이기 위해
클럽 페이스를 오픈하자.

+
여기서 오픈한다는 것은 그립을 잡은 상태에서 손을 돌려 클럽 페이스를 여는 것이 아니다. 그립을 잡기 전에 클럽을 먼저 열어 놓고 그립을 잡아야 한다는 것을 의미한다.

공을 띄우는 샷을 하기 위해서는
스윙의 크기가 커야 하므로 발을 어깨의
넓이만큼 넓게 서 준다.
공의 위치는 중앙에서 한 개 정도 왼쪽에
위치시켜 공을 퍼 올리는 느낌으로
임팩트 할 수 있도록 만들어 준다.

공을 강하게 임팩트 하는 것이 아니라 부드럽게 퍼 올린다는 느
낌으로 스윙 해야 한다.
백스윙은 빠른 손목 코킹을 이용해 클럽을 가파르게 들어 올리고,
임팩트 하는 순간에는 코킹을 빠르게 풀어 임팩트 시 클럽 페이
스가 공을 퍼 올린다는 느낌이 들어야 한다.
완만한 U자 형의 스윙이 아닌 V자 모양으로 스윙을 한다고 생각
하자.

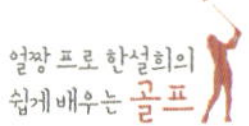

일반적인 어프로치의 백스윙과
공의 탄도를 높일 때 손목 움직임의 차이를 눈여겨보자.

# 맨땅 어프로치

"아~ 이 많은 잔디 중에 내 공은 왜 여기에 있는 거야."
내 공이 맨땅에 있다면 공을 확인하자마자 짜증부터 날 것이다. 왜 짜증이 날
까? 잔디에서 하는 어프로치보다 맨땅에서 하는 어프로치가 더 어렵게 느껴지
기 때문이다.
하지만 방법만 알면 어려운 것도 없는 법. 먼저 어드레스부터 체크해 보자.

기본적인 어프로치 어드레스와 동일하나
정확한 임팩트를 위해 공은 오른발 앞에 놓아 주자.
체중은 왼쪽에 7 정도가 오도록 하고
그립은 짧게 잡아 샷의 안정감을 더해 주는 것이 좋다.

모래 위에 있는 공을 정확히 임팩트 하기 위해서는
평소의 어프로치보다 강한 힘이 들어가게 된다.
20m의 거리라면 15m 정도 거리의
어프로치를 한다고 생각하고 백스윙의 크기를 줄이자.
임팩트 후에는 스윙을 끝낸다는 생각으로 팔로스루를 생략하자.

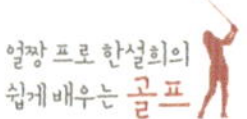

# 사이드 힐 내리막에서의 어프로치

이러한 내리막의 어프로치에서는 "몸이 일어나지 않는다"만 생각하자.
발보다 공이 낮을 때 공에 클럽을 대고 어드레스를 하려다 보면 자연스럽게 상체나 무릎이 숙여지게 된다. 그런데 처음 만들어진 어드레스의 각을 무시하고 평지에서의 느낌으로 몸을 회전하면 몸이 일어나 토핑이 발생하는 경우가 많다.
하지만 많은 골퍼들이 이러한 이유를 알면서도 잘 지키지 못하고 있다.

어드레스에서 만들어진 각을 스윙이 끝날 때까지 유지해 줘야 정확한 임팩트를 만들 수 있다.

무릎과 머리의 위치를 지키지 못하면 토핑이 발생한다.

# 사이드 힐 오르막에서의 어프로치

반대로 공이 위에 있을 때 많이 발생하는 미스샷 중 뒤땅이 있다.
뒤땅은 왜 발생하는 것일까?

많은 골퍼들이 오르막이건 내리막이건 잡던 그대로 그립을 잡고 스윙을 한다.
하지만 오르막에서는 그립을 어느 위치에서 잡느냐에 따라 정확한 임팩트가
될 수도 있고 그렇지 않을 수도 있다.

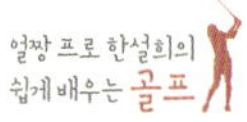

그립을 잡기 전 내 어드레스의 각을 먼저 만들어 보자.
어드레스의 각을 잡은 후 오른손으로 그립의 끝을 잡아 준다.
왼팔을 축 늘어트려 왼손과 그립이 닿는 부분에서
왼손의 그립을 잡아 주자. 그리고 오른손으로 받쳐 준다.

# 어프로치 거리별 클럽 선택

세 개의 클럽으로 거리를 조절할 수 있다?
많은 골퍼들이 그린 주변에서 하나의 클럽으로만 거리를 조절해 가며 어프로치를 시도하는 경우를 볼 수 있다. 대부분 골퍼들의 대답은 "하나도 다루기 힘든데 어떻게 여러 클럽으로 어프로치를 해요?"이다. 하지만 생각을 조금만 바꾼다면 여러 개의 클럽을 이용한 어프로치는 어려운 것이 아니다.

내가 지금 가지고 있는 것은 48도의 PW와 52도, 56도 웨지이다.
이 세 개의 클럽은 각각 다른 로프트의 각을 가지고 있기 때문에
똑같은 스윙 크기로 어프로치를 하더라도
각기 다른 공의 탄도와 런이 발생한다.

얼짱 프로 한설희의
쉽게 배우는 골프

핀까지 10m 거리에서는 56도 웨지를, 20m에서는 52도 웨지를,
가장 멀리 있는 30m에서는 PW를 이용해 런이 발생할 수 있는 어프로치를 시도해 보자.

# 벙커 샷

# 벙커 샷

그린 주변의 샷 중 가장 어려운 것은 벙커 샷이다?
그렇지 않다. 샷의 기본을 정확히 알고 시도한다면 어렵지 않다.
하지만 많은 골퍼들이 "샷을 했는데 공이 벙커 탈출을 못 하면 어떻게 하지?"
"토핑 나서 그린 오버하는 거 아니야?"라는 생각 때문에 더 큰 미스샷이 발생
한다.
정확히 알고 벙커 샷을 시도해 보자.

가장 많은 미스 중 하나가 바로 그립을 잡는 데에서부터 시작된다.
벙커 샷을 배우는 데 있어 "클럽 페이스를 오픈하세요"라는 말은 누구나 다 들
어 봤을 것이다. 클럽 페이스를 어떻게 오픈해야 할까?

클럽 페이스를 오픈해 놓고 그립을 잡는다?

그립을 먼저 잡고 손을 돌려 클럽 페이스를 오픈한다?

정답은 첫 번째이다. 클럽 페이스를 오픈한 후 그립을 잡아야 공을 치는 임팩트
순간에도 오픈 된 상태를 유지할 수 있다.
하지만 두 번째와 같은 방법으로 오픈한다면 임팩트 시 내가 잡는 손의 각이
그대로 돌아와 클럽 페이스는 스퀘어의 모양이 만들어진다.

오픈 된 클럽 페이스가 핀의
방향과 일치할 수 있도록 몸을
오픈시켜 준다.
공은 스탠스 중앙에 위치하도록
하고 손의 위치를 왼쪽으로
이동시켜 샤프트와 왼팔이
일직선이 되도록 만들어 준다.

스윙은 클럽 페이스 면의 방향이 아닌 스탠스와 같은 방향으로
진행되어야 한다. out in 스윙을 하자.
공을 때리는 것이 아니라 모래에 클럽이 들어가 그 힘이 공에
전달되면서 공이 탈출하는 것이다.
백스윙을 한 만큼의 팔로스루는 꼭 만들어져야 한다.

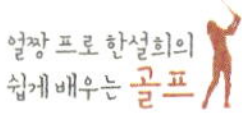

공의 방향이 왼쪽으로 간다?
이는 다운스윙 시 몸의 중심축을 잡지 못하기 때문에
나타나는 현상이다.
스탠스가 서 있는 오픈 된 방향으로
상체가 진행되기 때문에 그렇다.

# 40~50m 벙커 샷

페어웨이 벙커도 아니고 그렇다고 그린 주변 벙커라고 하기도 힘든 이 거리. 참 애매한 상황이다. 그린에 올라가지 못하고 그린 앞에 공이 멈춰 버리는 대표적인 거리의 벙커 샷이라 할 수 있다.

이런 상황을 두 가지의 옵션으로 나누어 나의 샷을 찾아보자.

56도 웨지를 이용하여 페어웨이의 벙커 샷처럼 칠 것인가, PW를 가지고 그린 주변 벙커 샷처럼 칠 것인가?

56도 웨지를 선택했다면 공을 우측으로 한 개 정도 더 이동시켜 어드레스 하자. 체중은 6:4 정도로 왼쪽에 조금 더 놓아 주자.

56도를 이용한 벙커 샷은 페어웨이의 샷과 같이 공을 바로 때려 로프트 각과 같은 탄도의 골을 만들어 그린에 올리는 것이다.

스윙은 페어웨이에서 50m 어프로치를 하는 것과 같은 크기를 선택하자. 공을 바로 때리는 스윙이기 때문에 벙커에서도 같은 거리를 만들 수 있다.

**56도 웨지 – 공을 때린다.**

PW를 선택했다면 공은 스탠스 중앙에서 공 한 개 정도 왼쪽으로 이동시켜 준다. 클럽의 위치는 공의 바로 뒤가 아닌 클럽 헤드가 모래 속으로 들어갈 위치에 놓고 어드레스를 취하자.

이렇게 어드레스를 하는 것은 이유가 있다. 우리가 페어웨이에서 샷을 할 때 공의 바로 뒤에 클럽을 놓고 어드레스 한 후 바로 임팩트 하는 것과 같이 공의 뒤가 아닌 클럽이 모래에 들어갈 위치에 어드레스를 해야 더 정확한 임팩트를 만들 수 있기 때문이다.

PW를 이용하는 방법은 공을 바로 때리는 것이 아니라 공의 뒤 모래를 치는 것이다. 그 힘이 공에 전달되어 PW의 낮은 로프트 탄도로 공이 날아가는 원리이기 때문이다.

**PW – 공의 뒤를 때린다.**

클럽과 공의 위치만 바꾸어도 똑같은 스윙으로 두 가지의 기술을 활용할 수 있다.

# 하나의 클럽으로
# 10, 20, 30m 벙커 샷

골퍼들이 궁금해 하는 것 중 하나는 바로 벙커에서 거리 조절을 어떻게 하느냐
이다. 힘으로? 클럽으로?
잔디에서 어프로치를 한다면 당연히 스윙의 크기를 조절해서 샷을 하겠지만
벙커에서는 방법이 조금 다르다.

똑같은 스윙으로 다른 거리를 보낸다? 가능할까? 벙커에서는 가능하다.

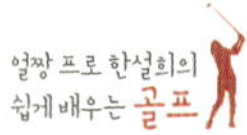

거리별로 클럽 페이스의 오픈 정도, 그리고 클럽이 모래에 들어가는 임팩트의
정도를 표현한 것이다.

클럽이 많이 오픈 되어 있고 임팩트가 들어가는 지점이 멀다면 열려 있는 로프
트 각 때문에 공은 더 뜰 것이다. 그리고 모래의 저항을 많이 받아 공은 먼 거리
를 날아가지 못할 것이다.

+

10m의 벙커 샷을 한다면 공의 바로 뒤에 클럽을 놓고 어드레스하는 것이 아니라 임팩트가 시작되어야
하는 지점에 클럽을 놓고 어드레스를 하자. 공의 바로 뒤에 클럽을 놓고 벙커 샷을 하는 것은 페어웨이에
서 어프로치를 할 때 일부러 뒤땅을 치려고 하는 것과 같다.

# 오르막 벙커 샷

오르막 벙커 샷이다. 나를 포함한 모든 골퍼들이 페어웨이에서든 벙커에서든 내리막보다는 오르막의 샷이 더 편하게 느껴질 것이다. 하지만 오르막 벙커 샷에서도 욕심이 과하면 내리막 못지 않은 미스를 범할 수 있다

클럽 선택을 하는 데 있어서는 오르막의 경사만으로도 공의 탄도가 높아져 거리가 덜 갈 수 있음을 감안해야 한다. 56도 웨지를 선택했더라도 클럽 페이스를 오픈하지 말자. 52도 웨지나 PW를 선택하는 것도 좋다.

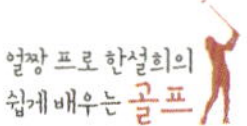

먼저 오르막의 경사면과 평행하도록 체중을 오른쪽에 더 놓아 주자.

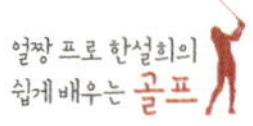


백스윙은 바른 손목 코킹이 아니라 완만한 원을 그리며
해야 한다. 임팩트 시에는 모래를 강하게 내리찍는 느낌이 아니라
부드럽게 모래를 퍼 올린다는 느낌으로 해야 한다.
전체적인 스윙의 느낌은 강함이 아닌 부드러움이다.
너무 강한 임팩트를 주려고 하면 클럽이 모래에 박혀
벙커 탈출을 하지 못할 수 있다.

임팩트 시 왼쪽 골반이 뒤로 빠지는 것에 주의하자.
이렇게 골반이 뒤로 빠지면 클럽은 공의 너무 뒤를 때려
벙커에서의 뒤땅이 만들어질 수 있다.

골반이 뒤로 빠지는 것 주의

# 내리막 벙커 샷

골프장에서 만나는 여러 가지 상황 중 가장 어려운 것이 내리막 벙커 샷이 아닐까?
조금만 실수를 하더라도 그린에 올라가지 못하고 다시 또 벙커에 빠지고 마는
상황.

내리막 경사와 몸이 평행할 수 있도록 체중을
왼쪽에 더 놓아 주자. 샷을 할 때 몸이 흔들리지 않기 위해서
스탠스의 폭은 조금 넓게 서 준다.
공은 중앙보다 1~2개 더 우측으로 위치하도록 하자.
손은 왼쪽 허벅지 안쪽에 위치하자.

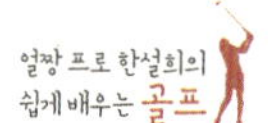

완만한 백스윙을 하면 공의 뒤쪽 벙커 턱이나 모래에
클럽이 닿을 수 있다. 빠른 코킹을 이용해 클럽을
몸쪽으로 들어 올리듯이 백스윙 하자.
체중이 왼쪽에 많이 실려 있기 때문에
하체가 흔들리지 않게 주의하자.

백스윙 코킹의 각을 최대한 유지하며 내려오고 임팩트 후에는
지면으로 최대한 클럽이 낮게 지나갈 수 있도록 하자.
정확한 임팩트를 위해서는 어드레스 시 왼쪽에 놓아 둔 체중을 최대한 유지하고,
스윙이 끝났을 때는 몸의 모든 체중이 왼쪽 다리에 있을 정도로 이동해 주어야 한다.

# 에그프라이

내 공이 모래에 반 이상 잠겨 있다?

이런 상황이라면 대부분의 골퍼가 어떤 샷을 해야 할지 생각하기보다는 공을 바라 보며 한숨부터 먼저 쉴 것이다.

필드에서 자주 발생하지 않는 상황일수록 어렵게 느껴지는 법. 하지만 자신감만 가지고 과감하게 시도한다면 안전한 온 그린을 만들어 낼 수 있다.

대부분의 벙커 샷은 클럽 페이스를 오픈하고 스윙을 한다. 하지만 이와 같이 공이 모래에 잠겨 있을 때는 과감하게 클럽 페이스를 닫자.

벙커에서 모래를 부드럽게 퍼 올리듯이 스윙을 한다? 아니다. 에그프라이는 클럽 페이스를 닫아 놓은 상태에서 공의 뒤 모래를 강하게 내리찍어야 공이 탈출을 할 수 있다.

클럽 페이스를 닫아 놓은 상태에서 공은 오른발 앞에 위치하도록 하자.
체중은 왼쪽에 조금 더 실어 준다.

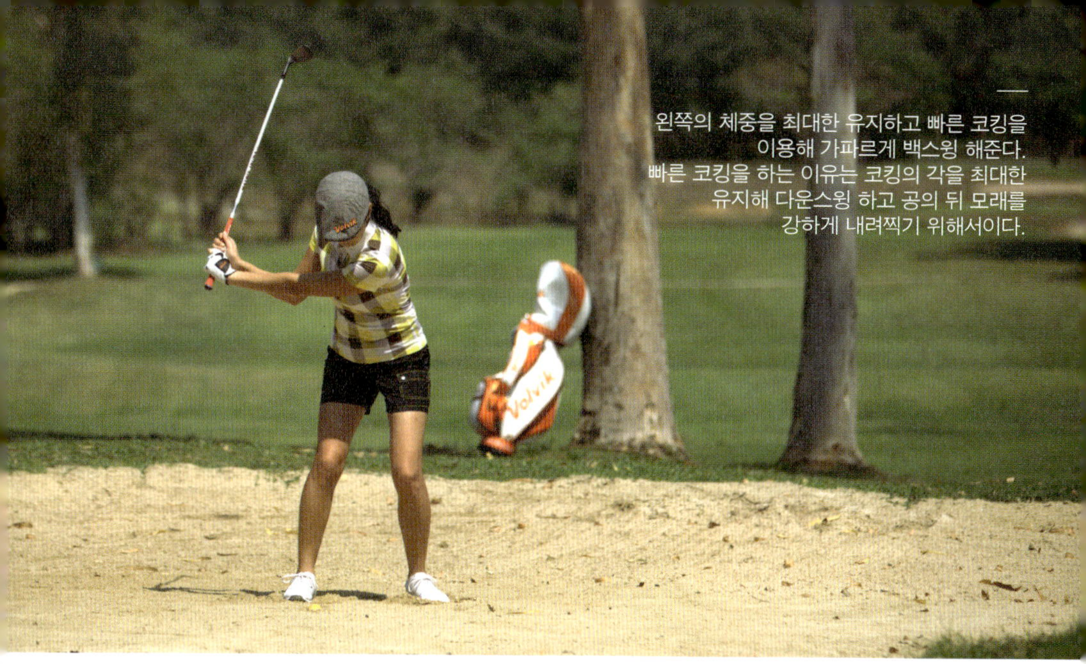


왼쪽의 체중을 최대한 유지하고 빠른 코킹을 이용해 가파르게 백스윙 해준다. 빠른 코킹을 하는 이유는 코킹의 각을 최대한 유지해 다운스윙 하고 공의 뒤 모래를 강하게 내려찍기 위해서이다.

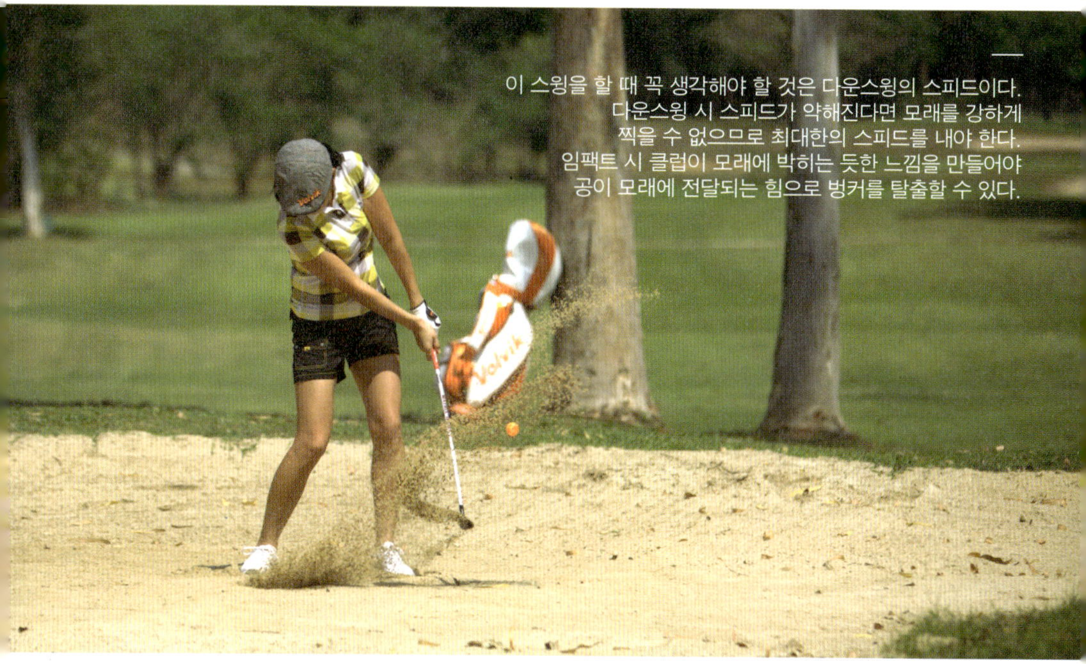


이 스윙을 할 때 꼭 생각해야 할 것은 다운스윙의 스피드이다. 다운스윙 시 스피드가 약해진다면 모래를 강하게 찍을 수 없으므로 최대한의 스피드를 내야 한다. 임팩트 시 클럽이 모래에 박히는 듯한 느낌을 만들어야 공이 모래에 전달되는 힘으로 벙커를 탈출할 수 있다.

바로 이 지점으로 클럽이 들어가 모래를 강하게 눌러 때리면 된다.

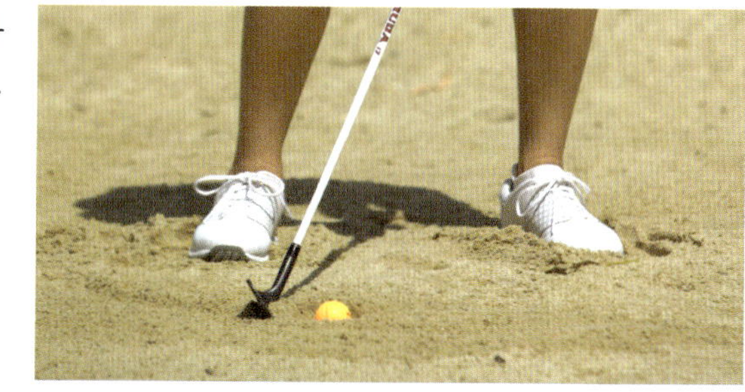

퍼팅

장소 협찬 | 태국 WANGJUNTR GOLF PARK(왕찬C.C.)

# 퍼팅 그립

퍼팅을 할 때 가장 기본적이면서 중요한 부분이 바로 그립이다.

그립을 어떻게 잡고 얼마만큼의 힘을 주느냐가 나의 정확한 스트로크를 만들어

준다.

어드레스를 취한 후 퍼터 그립의 양옆에 손바닥이 닿도록 하자. 그리고 그 모양 그대로 그립을 잡아 준다.
양손의 엄지손가락이 그립의 위에 위치할 수 있도록 해야 한다.

### 그립을 잡을 때 손의 힘을 빼야 하나?

그립의 힘을 너무 과하게 빼면 손과 그립 사이에 공간이 생겨 스트로크를 할 때 퍼터가 흔들릴 수 있다.
빈 공간이 생기지 않을 정도의 강도로 그립을 잡아 주자.

많은 골퍼들에게서 볼 수 있는 오른손 집게손가락을 펴는 그립이다. 이렇게 그립을 잡는 골퍼들에게 물어보면 한결 같은 답이 손목을 쓰지 않기 위해서라고 한다. 하지만 이렇게 그립을 잡았을 경우 공을 때리는 순간 집게손가락에 힘이 들어가 임팩트 시 클럽 페이스가 닫혀지는 경우가 많다. 공은 홀의 왼쪽으로 빠지는 미스를 범하게 된다. 이런 그립을 잡는다면 과감하게 집게손가락을 원위치에 놓고 연습하자.

# 퍼팅 어드레스

나는 퍼팅 어드레스를 만들 때 스탠스의 넓이나 몸의 각은 크게 중요하게 생각하지 않는다. 하지만 어떤 어드레스를 취하고 있더라도 이 두 가지만은 골퍼들이 꼭 지켜 줘야 완벽한 퍼팅을 할 수 있다고 생각한다.
공을 바라보는 위치 및 팔과 몸의 일체.

라인을 확인하고 퍼팅을 하는 데 있어 가장 중요한 것은 공을 바라보는 위치이다. 공과 같은 위치에서 고개를 돌려 내 라인을 확인해야 정확히 파악할 수 있다. 공과 눈의 위치가 따로 논다면 내 라인을 파악하기 어렵다.

먼저 어드레스를 취한 후 눈의 위치에서 공을 하나 떨어트려 보자.
바로 공이 떨어진 지점이 내 공이 위치해야 하는 곳이고 그곳이 눈과 공이 일직선을 만드는 위치이다.

팔의 5각형을 만들어라?
많이 들어본 말 중의 하나이다. 하지만 이 5각형을 만드는 데
있어 너무 과한 표현을 하면 안정감 있는 스트로크를 할 수 없다.
위 두 사진의 다른 점은 팔의 모양뿐이지만 퍼팅의 결과는
완전히 다르게 된다. 5각형을 과하게 표현을 했을 때는 팔과 몸이
분리되어 스트로크의 안정감을 만들 수 없다.
하지만 양 팔꿈치를 겨드랑이 쪽으로 조금만 이동시켜도 팔과
몸이 붙어 안정감 있는 스트로크를 할 수 있다.

# 퍼팅 그린 라인 읽기

많은 골퍼들이 그린에서 라인 읽는 법을 너무 어려워한다.
어려워하는 이유 중 하나는 캐디 때문이다. 우리나라에는 어느 골프장이나 캐디가
있기에 내가 라인을 보기도 전에 먼저 라인을 말해 주곤 한다. 이러한 상황들이 반
복적으로 이루어져 어느 정도 골프 실력이 되어 내 라인을 볼 수 있는 실력인데도
불구하고 버릇처럼 캐디에게 의존을 한다.

1. 그린에 공이 올라왔다면 그린으로 걸어 올라오며
그린 좌우 앞뒤의 오르막 및 내리막과 옆 경사를 먼저 체크하자.

2. 공에 마크를 하고 공과 홀의 반대 방향에서 라인을 체크하자.

3. 공으로 돌아오기 전 홀과 공의 중간 지점에서 내리막인지 오르막인지 체크하자

4. 마지막으로 내 공의 뒤로 이동해 지금까지 본 라인을 머릿속으로 정리하고
어떤 퍼팅을 할 것인지 생각하자.

하지만 내 라인은 내가 먼저 정확히 확인을 하고 캐디에게 조언을 구하는 것이지
무조건 의지를 하는 것은 올바르지 않다.
캐디는 우리에게 도움을 주는 도우미이지 결정을 내리는 건 내 자신이어야 한다.
내 눈으로 라인을 확인하는 연습을 시작해 보자.

# 퍼팅 라인 읽기 연습

홀 하나를 기준으로 퍼팅 연습을 하더라도 같은 라인은 찾을 수가 없다. 조금만 공
의 위치가 바뀌더라도 공의 라인도 변한다는 것을 명심하자.
이런 방법으로 연습해 보자.

홀을 기준으로 2m의 거리를 두고 홀 주위에 공을 놓아 두자.
그리고 공 하나하나의 라인을 확인하고 퍼팅 연습을 한다면
쇼트 퍼팅에 자신감이 생기게 된다.

# 슬라이스 훅 라인 퍼팅

퍼팅 라인이 옆 경사일 때 많이 듣는 말 중 하나가 "홀 우측으로 두 컵 정도 보세요" "좌측으로 세 컵 정도 보세요"이다. 이 말은 홀 크기의 두 배, 세 배 정도를 더 겨냥하고 퍼팅을 하라는 것이다.

하지만 이 말은 공을 때리는 퍼팅을 하는 골퍼와 공을 굴리는 퍼팅을 하는 골퍼에게 다르게 표현되어야 한다. 때리는 퍼팅을 하는 골퍼는 라인을 많이 타지 않기 때문에 두 컵이 아닌 한 컵 정도만 더 보고 퍼팅을 해야 하고 굴리는 퍼팅을 하는 골퍼는 두 컵 이상을 보고 퍼팅을 해야 한다.

나는 굴리는 퍼팅을 하는지 때리는 퍼팅을 하는지 먼저 체크하자.

퍼팅 라인을 살피고 내 공이 어느 지점을 지나
홀 쪽으로 흐르게 되는지를 먼저 파악하자.
그리고 그 흐름이 시작하는 위치에 가상의 홀을 그리고
그 홀에 공을 넣는다고 생각하자.
가상의 홀을 그리고 연습해 보자.

# 퍼팅 거리감 연습

일정하지 않은 나의 거리감. 재미있게 연습할 수 있는 방법은 없을까?
이런 방법을 통해 연습을 시작해 보자.

먼저 홀에서부터 시작해 1m 간격으로 공을 하나씩 놓아 주자.
1m, 2m, 3m 이렇게 반복된 연습을 한다면 내가 어느 정도의 힘으로 스트로크를 했을 때
공이 얼마만큼의 거리가 나가는지 체크할 수 있다.

# 자가 진단 연습

장소 협찬  태국 WANGJUNTR GOLF PARK(왕찬C.C.)

# 리버스 피벗

많은 골퍼들이 백스윙이 커야 거리가 많이 난다고 생각한다. 하지만 올바른 몸의 꼬임이 아닌 회전으로 이루어지는 큰 백스윙은 거리가 많이 나갈 수는 있지만 그만큼의 방향성을 보장받지 못한다.

백스윙 시 오른쪽 다리가 밀리고 오버스윙이 된다면 정확한 임팩트가 어려울 뿐 아니라 척추에도 무리가 갈 수 있다.

이와 같은 동작의 원인은 오버스윙 되는 팔의 모양이 아니라 백스윙을 안정감 있게 할 수 있도록 지지대의 역할을 해야 하는 하체에 있는 경우가 많다.

하체의 움직임을 바로잡아야 이러한 백스윙 톱의 모양도 정확히 만들 수 있다.

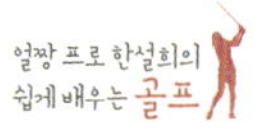

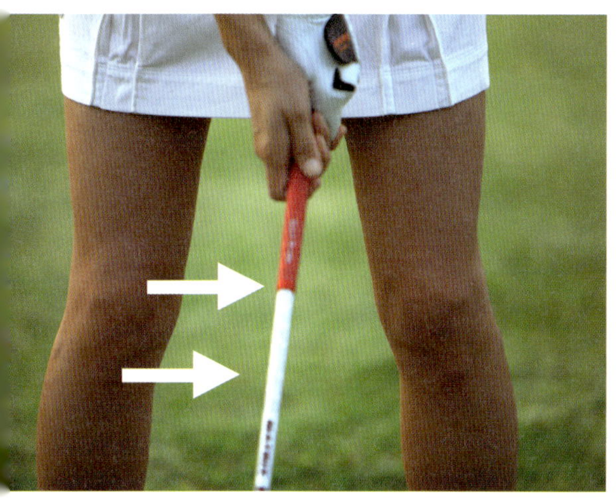


어드레스를 취할 때 오른쪽 무릎 안쪽으로 힘을 줘 무릎을 스탠스의 안쪽으로 이동하자. 이렇게 오른쪽 무릎을 몸의 안쪽으로 밀어 주는 듯한 힘을 주고 백스윙을 한다면 오른쪽 무릎이 펴지거나 밀리는 현상을 방지할 수 있다.

Volvik
낮고 길게

백스윙은 팔로 들어올리는 느낌이 아니라 클럽 헤드가
지면에 최대한 오랫동안 머물 수 있게 낮게 해준다.
이 스윙을 연습할 때는 꼭 풀스윙이 아니라 3/4 정도의
스윙으로 연습해야 한다.
처음부터 풀스윙으로 연습을 하면 하체의 움직임이나 백스윙이
올라가는 궤도에 대한 정확한 동작이 만들어지지 못한다.
이러한 백스윙을 했을 때 오른쪽 골반이 당겨지는 느낌이 있다면
올바른 방법으로 연습을 하고 있는 것이다.

# 플라잉 엘보

나는 백스윙 톱에서 왜 이렇게 오른팔이 벌어질까? 손목 코킹도 안 돼서 거리도 손해 보는 것 같고…….

이런 현상이 나타나는 골퍼들은 클럽을 몸의 회전이 아닌 팔의 힘으로 들어올리려다 발생하는 경우가 많이 있다. 즉 팔에 필요치 않은 힘이 많이 들어간다는 것이다. 이런 현상의 원인은 백스윙 스타트에서부터 찾을 수 있다.

테이크백 때 오른 팔꿈치가 어떤 방향으로 이동하느냐에 따라 팔의 모양이 만들어지는 것이다.

이 두 테이크백의 차이는 무엇일까?

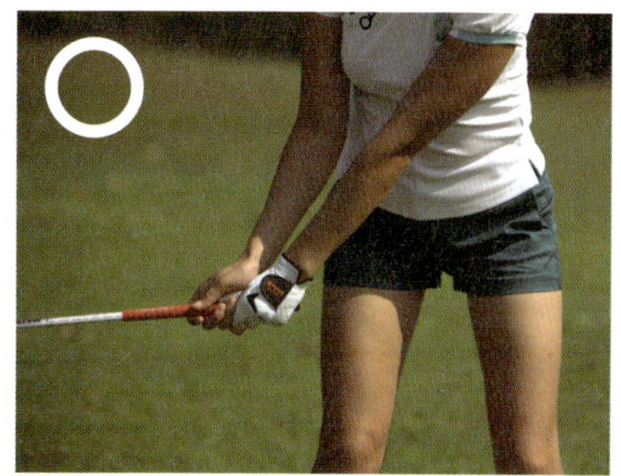

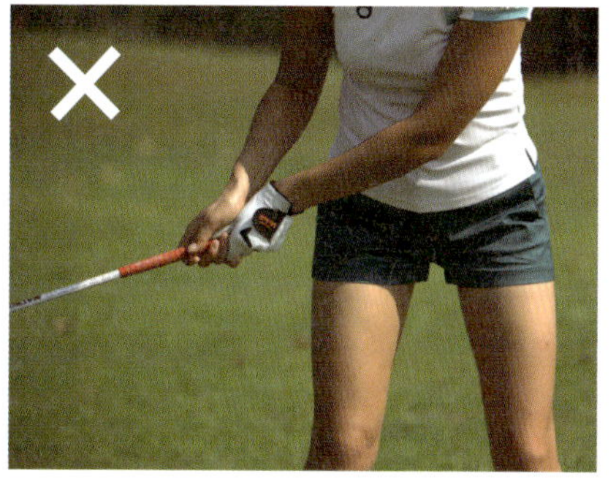

테이크백을 낮고 길게 가져가는 것, 그리고 손의 힘으로
들어올리려는 차이.

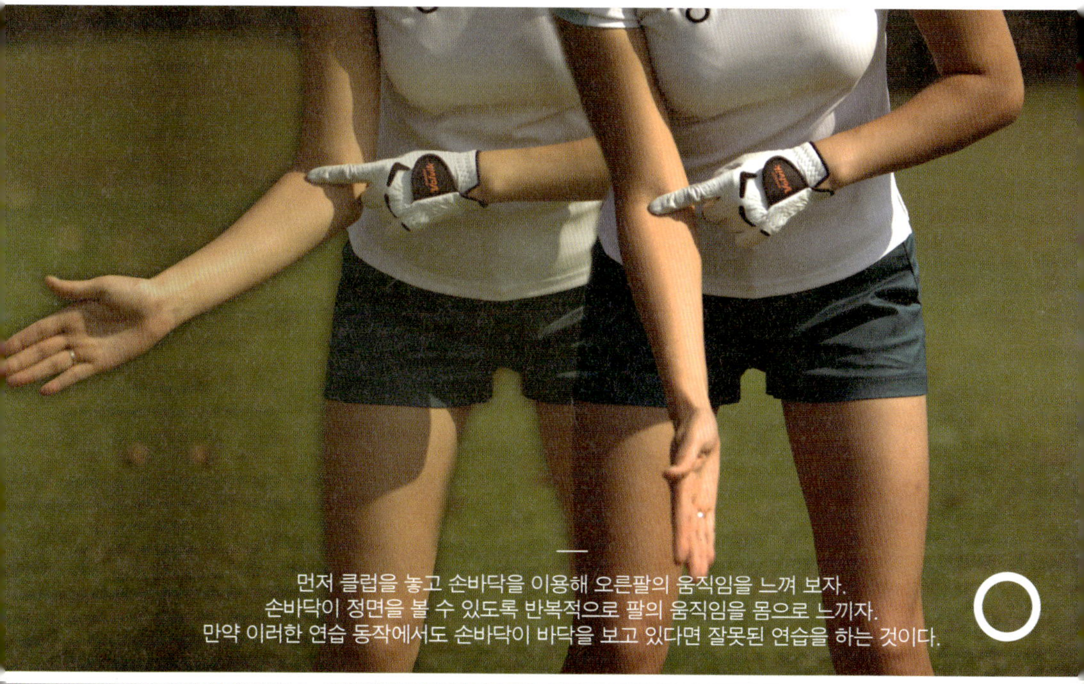

먼저 클럽을 놓고 손바닥을 이용해 오른팔의 움직임을 느껴 보자.
손바닥이 정면을 볼 수 있도록 반복적으로 팔의 움직임을 몸으로 느끼자.
만약 이러한 연습 동작에서도 손바닥이 바닥을 보고 있다면 잘못된 연습을 하는 것이다.

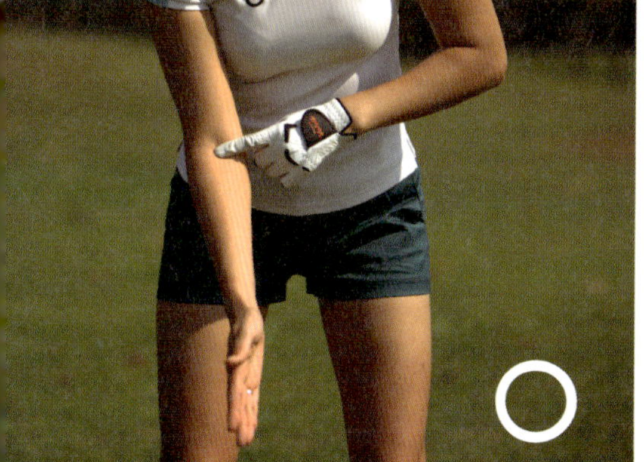

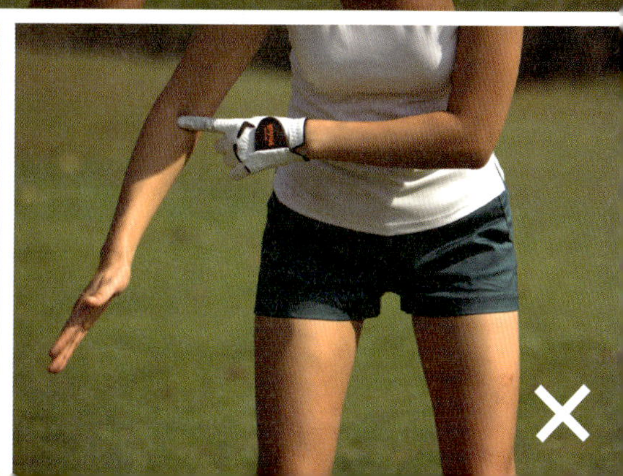

모든 초점을 오른쪽 팔꿈치에 맞추고
3/4 정도 크기의 스윙으로 연습을 시작하자.

백스윙은 팔로 들어올리는 것이 아니라
**낮고 길게 꼬임**으로 이루어져야 한다.



**주의하세요**
테이크백까지 오른쪽 겨드랑이가 떨어지지 않게 주의하자

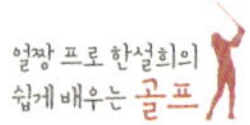

# 치킨 윙

임팩트 시 왼팔이 구부러지는 것은 아마추어 골퍼에게서 많이 나타나는 동작 중
하나이다.
임팩트와 팔로스루 시 공을 때리려는 힘이 강해 팔에 힘이 들어 가면서 이와 같은
동작들이 나타나는 것이다.

이러한 동작은 팔의 원활한 릴리스 동작을 방해할 뿐 아니라
팔이 몸쪽으로 당겨지면서 공의 구질 또한 왼쪽으로 가게 된다.

먼저 내가 샷을 할 공의 30~40cm 앞에 공을 하나 더 놓아 주자.
샷을 할 때 앞에 있는 공까지 같이 치고 나간다는 느낌으로 연습을 한다면
팔을 구부리면서 몸쪽으로 잡아당기는 동작을 줄일 수 있다.

또 이러한 동작을 하는 골퍼들의 피니시를 보면
이미 임팩트에서부터 양팔의 공간이 벌어졌기 때문에
피니시에서도 팔이 많이 벌어져 있는 것을 볼 수 있다.
피니시 끝까지 양 팔꿈치 안쪽이 최대한 간격을
유지할 수 있도록 하자.

# 올바른 공의 위치 찾기

연습장에서는 잘 맞는데 이상하게 필드만 나가면 임팩트가 부정확하다?
이때는 가장 기본적인 공의 위치부터 체크해 봐야 한다.
연습장에서는 연습 매트에 만들어진 선들이 많이 있다. 우리는 무의식적으로 그
위에서 공을 친다. 하지만 필드에서 그 선들이 사라진다면 우리는 공 위치를 무시
하는 샷을 하곤 한다.

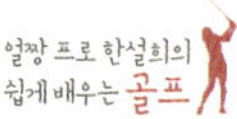

먼저 어드레스 후 내 양발과 공이 만들고 있는
삼각형을 눈으로 그려 보자.
공이 있는 삼각형의 꼭지점이 오른쪽에 있는지
왼쪽에 있는지를 확인할 수 있다.
7번 아이언으로 샷을 하려고 하는데 너무 꼭지점이 왼쪽에 있다
면 오른쪽으로 조금 더 이동할 수 있다.
가장 쉬운 공의 위치 체크 방법이다.

페어웨이 우드 샷을 하는데 공이 왼발꿈치에 있다면
임팩트 포인트를 지나 토핑이 발생한다.

7번 아이언 샷을 하는데 공이 너무 우측에 위치하고
있다면 토핑이 발생할 것이다.

# 다운스윙 시 손목 풀림

그립을 손으로 잡고 있기 때문에 다운스윙 시 손에 힘이 많이 들어가게 된다. 그러나 손의 어느 부분에 힘을 주느냐에 따라 다운스윙 시 손목의 각은 변하게 된다.
다운스윙 시 손의 힘을 바르게 이용하는 연습을 해보자.

골퍼 중에서도 손의 힘이 강한 남성 골퍼에게서 많이 나오는 동작으로 다운스윙 시 손목 풀림이 있다. 손으로 강하게 공을 때리려다 손가락 쪽에 힘이 많이 들어가니까 다운스윙을 시작하면서부터 손목이 풀리게 된다.
이러한 동작 때문에 공의 탄도가 높아지고 뒤땅이나 토핑이 많이 발생할 수 있다.

우리가 어렸을 때 운동회에서 하던 줄다리기를 생각해 보자.
줄다리기는 팔로만 하는 것도 아니고 몸만 움직이는것도 아니다.
팔과 몸의 힘을 하나로 해서 내 쪽으로 당겨야 강한 힘을
만들 수 있다.

다운스윙도 똑같다. 팔이나 몸 어느 한쪽의 균형이 깨진다면
정확한 다운스윙을 만들 수 없다.
클럽을 줄다리기하는 것과 같은 방법으로 잡고 내 몸쪽으로
강하게 당겨 보자(이때 옆에서 누군가의 도움이 필요하다.
내가 당길 힘을 반대 방향으로 잡아 주는 역할).

손의 어느 부분에 힘이 들어가는가?
손가락이 아닌 손바닥 쪽에 힘이 들어간다.

이것을 다운스윙의 시작과 연결지어 다운스윙을 연습해 보자.
그립의 끝과 왼쪽 골반을 줄다리기하듯 내 몸쪽으로 당겨 주는
연습을 하면 손목이 빨리 풀리는 것을 방지할 수 있다.

Volvik

# 피니시 때 다리의 모양

피니시는 스윙이 모두 끝난 후 만들어지는 동작이다. 하지만 피니시 때 하체의 모양을 보면 어떤 임팩트를 했는지 알 수 있을 정도로 피니시의 모양은 매우 중요하다. 다운스윙 시 몸의 체중 이동과 허리의 빠른 턴은 다운스윙의 스피드를 만들어 주는 역할을 한다. 하체에 아무런 힘이 없다면 거리 손해를 많이 볼 수 있다.

다운스윙 시 하체에 힘이 없이 상체 위주의 스윙을 했다면
하체는 어떤 힘도 느낄 수 없이 무의미하게 회전된다.
위의 사진은 힘이 없이 회전하는 하체의 대표적인 모습이다.
체중이 오른쪽에 남아 있어 오른발 뒷꿈치가 뒤에 남아 있고
오른발이 힘없이 돌아가 있는 모습.

이렇게 연습해 보자.

어드레스에서 다리 사이에 약간 바람이 빠진 공을 하나 놓아 보자.

그리고 다운스윙이 시작되고 피니시까지 가는 동안 이 공의 바람을 모두 뺀다고 생

각하자.

이 공의 바람을 빼기 위해서는 다운스윙을 시작하면서부터 양 다리 안쪽에 힘이 들어가게 되고, 피니시까지 갔을 때는 다리 안쪽에 힘이 들어간 느낌을 받을 수 있다.

# 어프로치 할 때 손목의 움직임

어프로치 할 때는 어드레스에서 만들어지는 손목의 각을 최대한
유지해야 일관성 있는 거리를 만들 수 있다.
공을 때리려는 힘이 앞서 다운스윙 시 손목이 빨리 풀리면 일관
성 있는 거리의 어프로치를 하는 것도 어렵지만 정확한 임팩트를
만들지 못한다.

먼저 어프로치를 할 클럽과 하나의 클럽을 더 가지고 그립과
샤프트를 연결해 그립을 잡는다. 이것은 클럽의 길이를 길게 해
손목의 움직임과 몸의 회전을 바르게 하기 위한 연습이다.

먼저 클럽을 길게 잡고 연습 스윙을 해보자.
그 다음 공을 놓고 직접 치며 연습해 보자.
만약 임팩트 순간 샤프트가 나의 왼쪽 허리를 때린다면
그것은 임팩트 시 손목이 풀리고 있다는 것이다.

정확하게 스윙이 된다면 어떠한 변화도 없이
내 왼쪽 허리 옆에 샤프트가 놓여지게 된다.

# 어프로치 할 때의 임팩트

이러한 동작은 우리가 흔히 말하는 냉탕 온탕의 대표적인 케이스이다.
언제 뒤땅이나 토핑이 나올지 모르기 때문이다.

어프로치를 배우는 데 있어 꼭 듣는 얘기 중 하나가 바로 체중을 왼쪽에 조금 더 이동시키고 공은 중앙보다 우측에 위치하라는 것이다. 그 이유는 공을 더 정확하게 임팩트 하기 위함이다.

그러나 어드레스에서는 체중을 왼쪽에 놓았다가 스윙이 이루어지는 동안 체중이 움직여 뒤땅이나 토핑이 발생하는 경우를 많이 볼 수 있다.

어드레스를 취한 상태에서 오른발을 뒤로 빼
오른발의 앞꿈치로만 서는 어드레스를 만들어 보자.
이때 체중은 거의 다 왼쪽에 있다고 생각하면 된다.
이렇게 어드레스를 하고 어프로치를 시도해 보자.
만약 하체가 변하지 않고 그대로 자리하고 있다면
체중을 잘 유지한 것이고, 임팩트 하는 순간 오른쪽으로 넘어질 듯
움직인다면 하체의 체중이 오른쪽으로 움직이고 있다는 것이다.

얼짱 프로 한설희의
쉽게 배우는 골프

—
이렇게 오른발을 뒤로 빼고 연습을 하면 왼쪽의 체중 느낌을 알 수 있을 뿐 아니라
정확한 임팩트를 만들 수 있다.

# 어프로치 공의 방향

어프로치 공이 **왼쪽**으로 간다면 이것만 체크해 보자.
공이 왼쪽으로 간다는 것은 임팩트 시 **상체**가 열리면서
**클럽 페이스**가 닫혀진다는 것이다.
**머리의 위치**만 고정하더라도 공의 정확한 방향을 만들 수 있다.

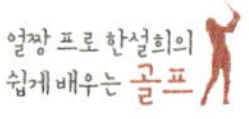

위의 사진에서 문제점은 스윙을 하는 데 있어서
오른쪽 어깨와 턱이 만나지 못하고 그 간격을 계속 유지하는 데 있다.

임팩트 시 머리만을 고정하려고 생각하지 말고 임팩트를 하고
팔로스루가 만들어지는 동안 오른쪽 어깨와 턱이 최대한 가까이
있게 해야 한다. 그러면 공의 방향이나 탄도를 보장받을 수 있다.

# 퍼팅 스트로크 연습 1

가장 기본적이지만 많은 사람들이 연습을 하는 대표적인 연습 방법을 알아 보자.
공이 바로 가기 위해서는 안정감 있는 스트로크가 만들어져야 한다. 매번 퍼팅을 할
때마다 스트로크가 흔들리고 일관성이 없다면 다음과 같은 방법으로 연습해 보자.

먼저 퍼터 헤드의 길이보다 위아래로 5mm 정도의
여유 공간이 생길 수 있도록 클럽을 바닥에 두개 놓아 주자.
그리고 퍼터의 중간에 공을 놓고 퍼팅을 시도해 보자.
스트로크를 할 때
위 아래 클럽의 샤프트에 퍼터 헤드가 부딪히면
스트로크가 흔들린다는 것이다.
이 방법을 계속해서 연습한다면
안정감 있는 스트로크를 만들 수 있다.

# 퍼팅 스트로크 연습 2

퍼팅의 연습 방법은 여러 가지가 있다.

하지만 나는 그 중에서도 다음의 연습 방법을 추천한다. 우연히 찾은 이 연습 방법은 내가 2004년에 「JGolf 3클럽 챌린지」라는 프로그램에 나가면서 알게 됐다.

세 개의 클럽만으로 라운드를 해야 했고 나는 퍼터 대신 52도 웨지를 선택했다.

그런데 퍼팅을 시도하는데 공이 똑바로 가지 않는 것이다. 웨지의 날은 곡선으로 이루어져 있어 정확히 중앙에 맞지 않으면 오른쪽 왼쪽으로 사정없이 굴러가는 것이다.

나는 그때부터 퍼팅 임팩트를 연습할 때 이 방법을 이용했다.

직선과 곡선

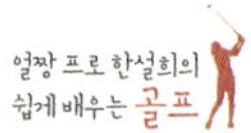

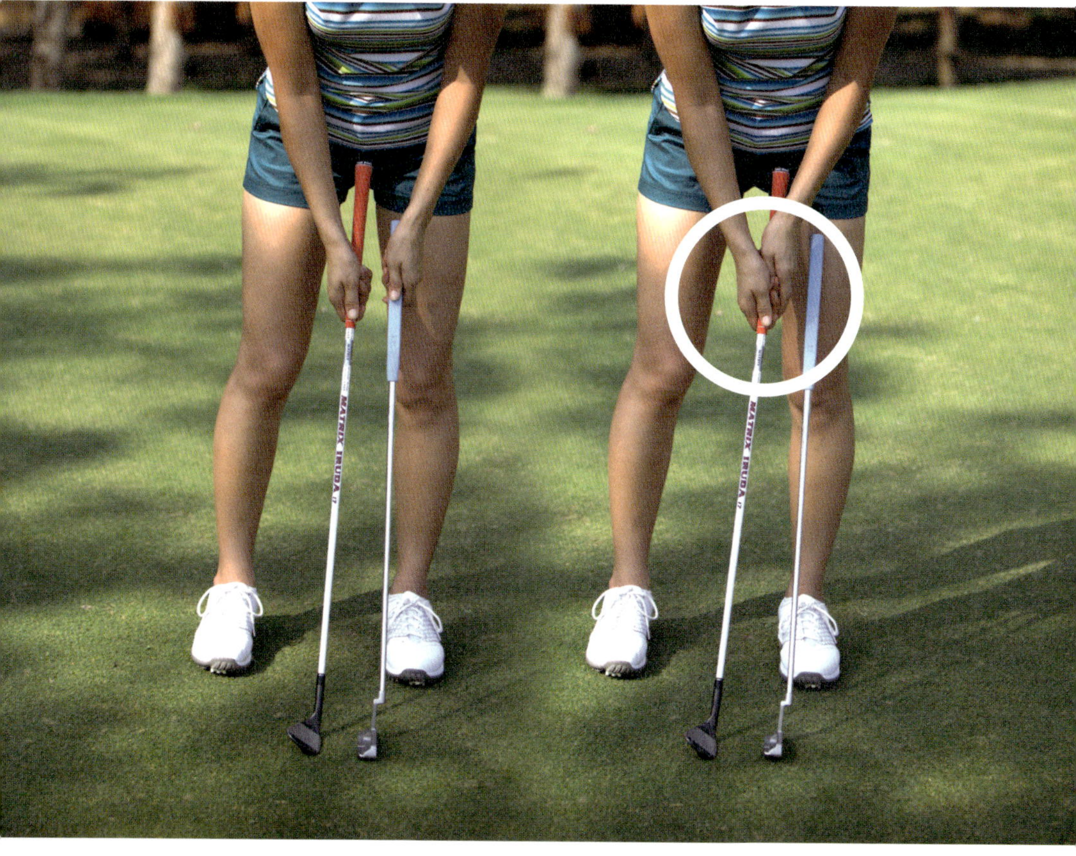

클럽을 살짝 들어올려 웨지의 날이 공의 중앙에 위치하도록 하자.
이렇게 해야 퍼팅과 똑같이 공이 굴러가는 스트로크를 만들 수 있다.

퍼팅 스트로크를 하는 데 있어 공이 왼쪽이나 오른쪽으로 굴러 간다면
그것은 정확한 임팩트 포인트가 아닌 것이다.

**+**
**장점**
이 연습의 장점은 공의 방향으로 임팩트의 부정확함을 알 수 있다는 것뿐만이 아니다. 웨지
를 허공에 들고 있기 때문에 스트로크가 흔들리지 않도록 더 집중하게 된다.

# 퍼팅 손목의 움직임

퍼팅을 하는 데 있어 과도한 손목의 움직임은 거리뿐 아니라 정확성도 매우 떨어
트린다.
거리가 긴 롱 퍼팅은 홀 주위에 공을 보내는 퍼팅이기에 약간의 손목 움직임은 상
관없다.
하지만 1~3미터 정도의 짧은 퍼팅을 할 때는 약간의 손목 움직임만으로도 공이
홀을 벗어날 수 있다.
손목의 많은 움직임을 줄이는 연습을 해보자.

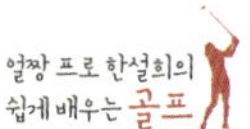

먼저 어드레스 후 오른쪽 손목과 그립이 만나는 곳에 공을 하나 끼워 넣자.
이렇게 어드레스를 만들고 퍼팅 스트로크를 해보자.
스크로크를 하는 동안 이 공이 떨어진다면 그것은 손목을 쓰고 있다는 것이다.

스트로크가 끝날 때까지 공이 그 위치에 머물 수 있도록 연습하자.

# 골프 에티켓



골프장에서 무의식 중에 내가 하는 행동들은 동반자들에게 어떻게 비춰질까?
대부분의 골퍼들이 아무 생각 없이 하는 행동으로 인해 다른 사람들의 입방아에
오를 수도 있다는 걸 꼭 기억하자. 나의 행동 하나하나가 동반자들에게 평가를 받
고 있다.

캐디는 우리를 도와주는 중요한 역할을 하는 사람이에요.
"야~"는 완전 상식 이하의 행동.
이름표를 확인하고 "○○씨~"라고 해주세요.

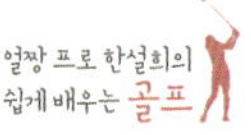

샷을 하려는 플레이어의 시야 안에 서 있으면 집중력을 흐린다.
어드레스 후 공에 집중해야 하는데 오른쪽에 사람의 움직임이
보인다면 신경이 쓰인다.

동반 플레이어가 샷을 준비하고 있는데
떠드는 것은 삼가야 한다. 한 홀을 시작
하는 가장 중요한 순간에 말소리가 들린
다면 미스샷을 했을 때 당신을 탓할 수
도 있다.

티 박스 위에는 플레이어 한 명만 올라가세요. 잔디를 사랑합시다.

퍼팅 라인을 보고 있는데 그 앞을 지나간다면 짜증 100. 몇 걸음 더 걷더라
도 플레이어의 뒤로 돌아가는 센스를 보여 주세요.

벙커 샷 후 정리는 내가 직접.
나는 귀찮아서 안 했지만 누군가가 내
발자국에 들어간다면? 반대로 누군가
의 발자국에 내 공이 들어가 있다면?
"뭐야? 벙커 샷을 했으면 정리를 하고
갔어야지. 아~ 짜증나."

100돌이 골퍼는 꼭 여유분의 공을 가지고 다니세요. 그것이 다른 플레이어에게
피해를 안 주고 빠른 플레이를 하는 예절입니다.
*프로는 안 되요."

# 얼짱 프로 한설희의
# 쉽게 배우는 골프

**초판 1쇄 발행** 2012년 5월 15일
**초판 2쇄 발행** 2012년 5월 30일

**지은이** 한설희

**펴낸이** 김연홍
**펴낸곳** 아라크네

**출판등록** 1999년 10월 12일 제2-2945호
**주소** 121-865 서울시 마포구 연남동 224-57
**전화** 02-334-3887   **팩스** 02-334-2068

**ISBN** 978-89-92449-33-5  13690